Friedrich Nicolai

Eyn feyner kleyner Almanach vol schönerr echterr liblicherr Volckslieder,

lustigerr Reyen unndt kleglicherr Mordsgeschichten, gesungen von Gabriel Wunderlich weyl. Benkelsengernn zu Dessaw, herausgegeben von Daniel Seuberlich, Schusternn zu Ritzmück

Friedrich Nicolai

Eyn feyner kleyner Almanach vol schönerr echterr liblicherr Volckslieder,
lustigerr Reyen unndt kleglicherr Mordsgeschichten, gesungen von Gabriel Wunderlich weyl. Benkelsengernn zu Dessaw, herausgegeben von Daniel Seuberlich, Schusternn zu Ritzmück

ISBN/EAN: 9783337515584

Hergestellt in Europa, USA, Kanada, Australien, Japan

Cover: Foto ©Thomas Meinert / pixelio.de

Weitere Bücher finden Sie auf **www.hansebooks.com**

Eyn

feyner kleyner

ALMANACH

vol schönerr echterr
liblicherr Volckslieder, luſtigerr
Reyen vnndt kleglicherr Mordgeſchich-
te, geſungen von Gabriel Wunderlich weyl.
Benkelſengernn zu Deſſaw, herausgegeben
von Daniel Seuberlich, Schuſternn
zu Ritzmück ann der Elbe.

Erſter Jahrgang.

Mit Königl. Preuß. und Churf. Brandenb. auch Churf. Sächſ.
allergn. Freyheiten.

Berlynn vnndt Stettynn,
verlegts Friedrich Nicolai, 1777.

Gunſtiger lieber Leſer. Es iſt traun dz
edle Handwerck der Poeterey, mit
dem edlen Handwerck der Schuſterey,
ſo demſelben gleichbürtig, nicht vnbillichen zu
vergleichen. Denn ob ſchon in diſen letzten
betrubten Zeiten, die Welt ſich wol vmbkehrt
hett, dz di Poeten groſze Hanſen worden,
vnnd eynen erbern Schuſter ſchier eben vber
d'Achſel anſehn mügen; wars doch wol bey den
liben Alten faſt anders, uff latein: olim non
erat ſic. In Zeyten, da ein dapferer Feld=
hauptmann den Pflugk zu treyben, und Fürſ=
ſtenkinder zu ſpynnen vnnd zu weben eyn ſeyn

Beliben trugen, geschah es furbas, dz eben derselbig Mann, one Spot, zugleich der Gesetzgeber, vnndt der Poet, ja auch der Schuster seynes Stammes war. Auch ist sint solcher Zeyt, dicke Jare dz Handwerck der Poeterei bei andern erlichen Handwercken darob verbliben, furnemblich beyn löblichen Handwercken der Schuster, vnndt nach disen der Leinweber.

Die Schuster sind alter Zeyten schon, bey teutzscher Nation sonderbarlich beflißen gewesen, libliche Reyen und Gesenge zu machen, deſz zeugen mag, Meyster Hanns Sachs, wol eyn Vater aller Teutzscher Poeterey, vnndt dero Groß=Vater, Ottfrid der Münch, welcher eyn Schuster wz, eh er eyn Münch ward, wie wir davon in der Kronicken lesen. Die
Lein=

) 5 (

Leinweber aber, von ye her, waren flinck, mit klaren Stimmen zu singen, die Reyen von Schustern gemacht, vnndt darob auch wol bey Feyerabend zu klügeln, vnndt weydliche Theoreyen zu erdencken.

Als denn nun Vndanck der Welt Lon ist, so haben, mit Gunst zu sagen, die erbern Leinweber, sich ungeburlicher Weyse, über die erbern Schuster erhebenn, vnndt mit solcher Klugeley irem Gewercke eynen zimlichen Ruhm der Pocterey bewaren, dem erbern Schustergewerck aber rauben wollen. Taufenn, gantz heymlich, sint etwelcher Zeyt, gewandsweyse allerley bipsche vnndt artliche Eynfäll in der Poeterei, den ersten Wurff, als ob ettwan eyn Leinweber seyn Schiff wurfe, taufenn eyn'n hohen Sinnesbegriff der schlumps den Poeten antritt, eynen Sprung, gleich als ob dem Weber, fur zu grobem Wurf, eyn Faden sprenge.

Ist aber eytel Mischmascherey mit solchen almodischen Genammsel, denn's solten, solch schnell vnndt gewaltig Einfalle der Poeten, nicht so fast, der erste Wurff, als der erste Schnytt benamset werden. Haben denn wol vnsere lieben Vorfaren an der Poeterei vnndt an der Schusterei, ob sie eyn'n Reyen zu dichten, oder eyne Sole zu schneyden hatten, eyn Winckelmaß angelegt? Mit nichten. Dichten vnndt Schustern geschah, uffm ersten Schnytt, frey, auß innerm Drang eyn' Sole zu schneyden. Hir eyn Schnytt h'neyn, dort eyn

) 7 (

eyn Schnytt b'raus, war eyne lebendige Dar=
stellung, dz die Sole uffm ersten Schnytt
geschnitten (*) war. Gerad so eben schnytt der
Meyster seyne Poeterey, vnndt alß vber dem
nackten Fuße, ob der Sole, der lebendige Odem
freyer Luft webte vnndt webte, so webte vnndt
webte auch alles in der Poeterei.

Da denn nu, in der Folge = Zeyt dz
liebe Alte nimmer gelten solt, ward aus der
Poete=

(*) Mags nicht bergen, dz ich Endesbenannter,
noch yetzt meyne Solen nach eben sollicher al=
ten teutzschen Art schneyden thue, womit
auch menniglichen wol zufriden, wer nicht
der Kuster, eyn naseweyser Mann, vnge=
scholten, der beym Wolfio in Halle, die Phi=
losophey vnndt solche andere brodlose Kunste
gelernt hatt.

Poeterey die Versmacherkunst vnndt aus der Schusterey die Schumacherkunst, trennten sich grymmiglich. Da tet der Meyster eyn hulzen Leysten nemen, druber schlug er seyn Schu, wie 'n Gebeuse, dz ja feyn an Fuszen passen solt, vnndt macht Verse nach sonderlicher Regel vnndt Furschrift. Da wurden Schue recht schicklich, dz die Fusze quetzschten sich ubereynander, krigten Lichdorn, dz Gott erbarm! Wi's denn mit'm Versen gyng, lygt zu Tage, wurden Dinger draus, die noch Schuster noch Leinweber erleyden mochten.

Endlich merckt nu eyn Bidermann wol eben, dz in disen letzten betrubten Zeyten, da der yungste Tag fur der Tur ist, vollends alles drunter vnndt druber geet. Dz geets

geets an eyn Cultiviren, dz heyſt, an eyn Verderben, an eyn Newern, an eyn Schlemmen, an eyn Finantzen, an eyn Hofyren, da ſoll alles zirlich, manirlich, gelart vnndt heflich ſeyn, dz gantzes menſchliches Geſchlecht ob ſolchem Verbeſſern vnndt Verſchenern, im Grund gantz verderbt iſt, vnndt keyn'n alten Schupfrymen mehr wert were, wenn nicht noch beym gemeinen Haufen, abſonderlich bey den erbern Gewercken, eyn kleynes Funcklein vnverderbter Natur, ſam vnter eyner Aſche ligen tete.

Mit der liben Poeterey, iſts denn nun, Gott erbarms, gar zu Ende. Uber dem Verſemachen mocht keyner mer den erſten Schnitt, oder dz ich nach leinweber Art vnndt Kunſt ſpre

ſpreche, den erſten Wurff, fuken konnen;
wer' s nicht, dz bey den erbern Handwercks=
burſchen, noch die alte teutzſche redliche Poe=
terey weben vnndt weben tet. Nicht nach Regel
Lynial vnndt Brettergeruſte newer Vers=
macher, denn kluge Handwercksburſche, wiſ=
ſen faſt wol, dz Poeterey, Hertzens=Ausguß
iſt, vnndt wie' n Piltz aus feuchtem Balcken,
vngeſeet vnndt vnverlangt, aus innerm Drang
hervorſchwellen muß; ſondern nach altem
Schnitt vnſerer liben Vorfaren, ſingen ſie alte
Reyen vnndt Lieder, nach alter eigner Weyſe,
pflanzens von Mund zu Mund vngeendert
foet, vnndt ſindt dabei immer noch die Schu=
machergeſellen vnndt die Leinwebergeſellen,
wie ſonſt, die furnembſten.

Zwa=

Zwaren spuret man hin vnndt her, newe Gesellen, nennen sich Genyes, schwetzen d' Lang vnndt d' Queer, von Volcksliedern, vom Wurfe vnndt Sprunge; 's aber eytel Mummerey mit den Kerlen, 's sind doch Versemacher. Wollen eben wz newes haben, wollen Oren kitzeln, wollen feynen Damen newe Lydlein vormachen, stelen drob, aus Volcksliedern, hir 'n Wort, da 'n Wort, flicken's in ire Verse, machen 'n Schnitt quereyn, als wer's erster Schnitt, mag doch solch Mummenschanze nicht ercklecken, dz eyn erber Handwerckspursch solch almodische Reyen singen solt, möchtens feyne Damen, kann vnser eyns nicht wissen. 'Sind eben vnnder derley Genyes, gar grobe Knollen mit vnnder, meynens feyn naturlich, wenns ungehobelt vnndt plump ist,

reden

reden da one Schew deſz furm Frauenzimmer nicht zimet, gar von A * vnndt Sch * * vnndt ſolchem mehr, dz eyn erber Handwercksgeſell eyn Grewel drob haben mechtt.

Mit ſolcher Miſchmaſcherey, alter vnndt newer, feyner vnndt gröber Art, iſt traun nicht z' hoffen, alte teutzſche Volckspoeterey mochtt new emporbracht werden, gleych Genys etwarn wenen. Wenn eyn Hofſchrantz bey eynem Frewden=Gelage, ſich in Sammt vnndt Seyden, wie eyn Schlottfeger kleydett, mochtt er drumb konnen eyn Eſze keren? Oder ob reiche Schlemmer bey eyn'm Mummen = Tantz eyn Wyrtſchaft vorſtellten, zugen auf, wie Schuſter, Tiſchler, Zimmerleutt, Weber vnndt Schneyder, wer

dz

dz erliche Hantirung oder vilmer nicht groß⸗
zer' Uppigkeit?

Di eußzer Form thut's warlich nicht.
Kleid'st du deyne almodischen Gedancken,
Form eyn's alten Volcksreyen, bleibts doch ewig
eyn almodischen Vers, wird drum keyn wa⸗
rer Volcksreyen. Wollt eyner Handwerck'spur⸗
schen⸗Lider recht machen, vnnd wollt sie
recht genißen, der muß eyn rechten Hand⸗
werck'spurschen⸗Sinn haben, muß tuen, wi
Handwercks Gebrauch ist. Komm her Mey⸗
ster Genye! solst fru auffsteen, solst spat ar⸗
beiten, dz dir'r Schweiß ausbricht. Kommt
Sonntag, gee in die Predig vnndt darnach
ynn die Herberg mit andern Gesellen, ge⸗
neuß hertzlich die kleyne frohe Stunde, laß
dir

dyr geringen Tranck schmecken, brich auß in eyn fröliches Lied. Sollst auff Wanderschaft gehen, sollst hungern, sollst keyn Pfennigk im Sack haben, tritt hin fur 'ne Tur, vnndt sing 'n Lied dafur, von Lenore oder von Leonardo, nimm wz dir gute Leutte geben, gee fort, sticht dich d' Sonne, druckt dich 'r Renzel, sing 'n lustigen Reyen, vom Hirschleyn 'm Walde, oder von den drei Röslein, mochten doch Wurffe oder Sprunge, oder Schnitte dreyn sein, deß achtest du nicht, singst du dir doch den Weg hin, und erreichst frische Strew.

Wol traun meyn Genye, dz dunckt dich nicht gut. Mochst liber uff weichem Mattratzenstul gestreckt ligen, atzen dich mit Schlecken vnndt

vnndt Mengelmuſz vom franſchen Koch gewurtzt, ſpulens ab mit Malvaſier vnndt franſchem Sprudelweyn, ſyngen denn, ſatt vnndt ſelig, eyn Volckslied, vom feynen Libchen oder von Geſpenſtern, die ym Mondenſcheyn wancken, ſprechen ʒon der kalten Vernunft, ſchelten uff die Cultur, ſchon du keyne Uppigkeit, ſo myt ſollicher Cultur hervorkommt, entberen mochteſt, klagen bytterlich, ſchon du ſelbſt ym Sauſe ligſt, ob dem Verfeynern vnndt Verzarteln, gee teutzſche Mannhaftigkeyt verloren, vnndt teutzſche Poeterei konne keynen mechtigen Schwung nemen.

Oho! meyn Jentchen, ſo geets nicht. Wer eyns haben wyll, muſz's andere auch nicht verſchmehen, dz deme antwortet. Wollt'

B eyner

eyner hoch fligen, sam eyn Vogeleyn in der
Luft, muſt er auch konnen, Wurmer vnnd
Spinnen eſſen, ſam eyn Vogeleyn, vnnd ynn
eynen engen Ritz krichen furm Wetter; iſt im
aber feyſtes Ryndfleyſch zur Narung not, ſo
bleyb' er uff Gottes Erdboden. Hebt ſich ſo
eyner aber doch, meynt er wolle fligen, wird
er gar unſanft uff d'Naſe fallen.

Eſz muſz traun gantz getan ſeyn, oder
muſz gar bleyben. Wolan, jr Genyes, wollt
jr teutzſcher alter Volckspoeterei aufhelfen, laſzt
alle Cultur, Uppigkeit vnnd gelartes We-
ſen, werdet erliche Handwerckslewtt, Schu-
ſter, Weber, Schreyner, Gerber, Schmide,
arbeitet vile Wochenlang mit Macht, biſz eyn
Tag kommt, dz jr den Drang fulet, Volcksli-
der

der z' dichten. Da wird denn Tatkraft ynne sein, di werdenn d' Sele fullenn, werden's Volck wie 'n Fiber erschuttern, werden, eym freszenden Krebsz gleych, vm sich greifen, werdenn aller bösen Cultur, die ewren Schnitten vnndt Wurfen bynderlich ist, rein schababe machen. Sollt's euch aber, meyne Genyes, doch nicht gelyngen, aus teutzschen Vaterlande, d' leydige Ordnung vnndt eyszkalte Vernunft gantz weg zu syngen, vnndt dafur eynzufuren, den eynfeltigen Kyndesfynn vnndt erlichen Koler-Glauben, der euch Volcksfengern wol fuget; wyrd doch teutzschem Vaterlande ewer Handarbeyt, mer Frommen bringen, als ewer putzige wyndschife gelerte Volckslider, womit ir eytel Spilwerck treybt, vnndt di 's Volck nymmer syngen mocht.

Eyns mußt ir sein, liben Leutt, vnndt dz recht. Entweder bleibt furnembe vnndt gelarte Leutte, dychtet vnndt schreybt denn in Gottes-Namen, fur furnembe vnndt gelarte Leutt, wi sichs geburt; oder werdet Handwercksburschen vnndt Kesselflicker, sonst konnt jr fur Handwercksburschen vnndt Kesselflicker fast nicht schreyben vnndt dychten. Hat da eyner, heißt Danyel Wunderlich, etwan eyn Schryftleyn von Volckslidern * ynn offenen Truck ausgeen laßen, mochte auch Sachen vereynigen, di nicht zu vereynigen steen. Weent drob, all' di großen gelarten Gedychte, alß der rasende Roland, di Feen-Konigynne, Fyngal vnndt Temora, vnndt sollt' manns glauben, di Ilyas

---

* ymm teugschen Museum. S. 449.

Ilyas vnndt Odyßea, seyen nichts als Volcks: lieder gewesen, di uff Marckten, uff den Gaß= sen, oder fur den Turen, gegen eyn Pfennigk= semmel oder Petermennchen gesungen worden, daher denn auch der gemeine Beyfall komme, der so vilen Leuttlein vnbegreiflich ist. Meyns Dunckens aber, ist doch zweyerlei nicht eyner= lei. Wenns denn wer, dz d'Geißhirten ym Grichenland, dz Lied Ilyas genannt, vnndt d' Sackpfeyfer ynn Schottland, den Reyen von Fingal, einst gesungen hetten; mag doch dz, wz den Geißhirten vnndt Sackpfeyfern darinn ge= file, yetzunder 'ne Muck uffm Schwantz vbern Reyn furen, vnndt muß noch etwan wz anders sein, dz so vilen furnemben gelarten Leuten, sint vndencklichen Jaren, ynn disen Poettereyen baß gefellt. Wollt eyner yetziger Zeit d'Ilias etwan

B 3 nach

nach Volckslioderart verteutzschen, mocht er deſz, von Gelarten, wie von Handwerckspurschen, schlechten Danck haben.

Hett druber auch Dannel wol davon schweygen mögen, dz eyner die Geheimnyſſe der Zauberkunſt der Volckslider aufdecken ſolte. Dabey ſpurt der gunſtige Leſer, dz Meyſter Dannel eyn Leynweber iſt, will wider eyne new Theorey vnndt Klugeley uffbringen, di uff nichts beſteet. Iſt meyneſz dunckens ynn Volckslidern weyter keyn Zauber, denn dz sie dem Volcke ſtetig liben, ſintemal ſ' furs Volck grad recht ſind; vnndt erſt nach hundert Jaren, tuen ſ' furbaſz auch wol Gelarten gefallen, ſintemal Furwitz ymmer wz newes furnemben wyll, vnndt enndlich ausm alten wz newes zuſchneyden muſz.

Dz

Dz aber gib ich Meyster Danyeln zu, 's were gut, alle alte Volckslieder wurden uffbehalten, vnndt ynn Truck geben. Nicht zwaren nach Danyels Sinn, fur d' gelarte Versmacher, dz sie 'ne Fundgrube fur jre Kunst hetten, oder teutzsch zu reden, dz eyner den andern, mit solchem Tand eyn Zeyt lang eyn Nase dreen, oder als eyn'n Gympel benselirenn vnndt beymseilenn mochte: Sondern in Steten fur erbere Handwerckspurschen, uffm platten Lande fur Spinnstuben, vnndt uffn Merckten fur Benckelsenger, di sich damit neren. Sonst mogens d' gelarten Hansen, ymmer d' Hende davonn lassen.

Ist auch eben nicht not, alsz Meyster Danyel wenet, mann musze vnnder Jegern, Hechel

) 24 (

Hecheltregern vnndt Trutscheln umblaufen, nach Volckßlidern zu spuren. Konnt auch nicht gar sicher seyn, ob alles echtt seyn mochte. Eß ist werte teutzsche Nation durchs leydige Cultiviren seer verderbt. Sind Jeger z' oft bey feynen Damen, vnndt Trutschel z' oft bey seynen Herren, konnten s' wol von dero Belustigungen deß Verstandes vnndt Witzes, vnndt anderm firlefantz, wz an sich behalten. Hecheltreger sind gar Wahlen, singen welsche Arien, mochtenn vnser' Frewleyn weyterß noch zum welschen Syngen verfuren, deßen Grewels, dz tugentsame Frewleyn Yris schon bytterliche Klage * furen tuet.

Ich

---

* ym fünften Band S. 131.

Ich Endesbenanter kann, nachgesetzter echter alten Reyen vnndt Lider halber, eynen beszern Gewersmann geben, an Meystern Gabryel Wunderlichen, welchen der Leser mit Meystern Danyel Wunderlichen nicht verwechszeln wolle, sintemal Meyster Danyel, alß schons erklert, eyn Leinweber ist, aber Meyster Gabryel war eyn Schuster.

Diser Meyster Gabryel ist geboren im Jar vnsers Heylandes 1568, tzu Beuchlitz unweyt Merseburg, hat erlich dz Schustershandwerck gelernt, war aber schons ynn zarter jugend eyn gewaltiger Meystersenger, macht' vnnot sang hipsche Reyen vnnot Lider vnndt sonderliche Mordgeschichte. Alß er Burger vnnot Meyster tzu Dessaw worden, war jm,

da er eyn luſtiger Geſell, das Schuſterhand=
werck nicht ſer gemutlich, gab ſich uffs Syn=
gen, tett manche Reyſen, hett wol Turyngen
vnndt den gantzen Hartz tzu Fuſz durchwan=
dert, lernett vil koſtliche Lider vnndt Reyen,
ſyngett uff den Meſſen tzu Leipzigk, vnndt
kam wider nach Deſſaw, als eyn ſtattlicher
Benckelſenger, war bey hohen vnndt niedern
ſeer geert, vnndt hett' ſonderliche Gnade fun=
den bey Fürſt Joachim Ernſt, dem macht' er
das newe Lyd von Keyſ. May. wi ſie die Fran=
zoſen gekrieget hatt', yn Bruder Veyten Ton;
vnndt ander Geſenge meer. Hett' auch das
junge Herrleyn Fürſt Ludewig, der nachher ein
loblicher Regent worden, tzu Meyſter Gabryeln
eyne gnedige Zuneygung, mochtt deſzen Ge=
ſang gern horen. Alſz nun Fürſt Ludwig
nach

) 27 (

nach Fürstbrüderlicher Teylung Anno Dom. 1606. d' Regirung antrat, nam er Meyster Gabryeln weyters in sonderliche Gnade, liß jn oft myt seynem Gesange z' Cöthen bey Hofe uffwarten, vnndt hett solch Gefallen dran, dz eyn yeder Meystern Gabryeln als eyn'n Furstl. Benckelsenger achten tete.

Ging alles feyn gut, biß 1617, ynn Weimar, uff Anraten des edlen Caspar von Teutleben, die lobliche fruchtbringende Gesellschaft errychtet, vnndt wurde Furst Ludwig, als der Durchlauchtige Nerende zum ersten Oberhaupt erkiset. Da ließ der lobliche Furst, uffm Schlosse Melaw unfern Dessaw, ynn dem Turm, mitten ynn dem großen runden Saale, eynen Palmbaum artlich zurichten, an dessen weytschichtigen Zweygen, di Conterfeye

der

der furnembten Mitglyder hingen, vnndt an
der Mauer rundumb, waren die Namen,
Wort, vnndt Gemälde, uff graw Atlaſz, vnndt
dero Wapen uff ſittiggrunen Atlas, kunſtlich
geſtickt uffgehangen, dz ſeyn luſtig anzu=
ſchawen war.

Meyſter Gabryel tett im eynbilden, er
möge auch, eyn Glyd ſollicher hohen Geſel=
ſchaft werden, ſchyn auch der Furſte deme
ſchyr geneiget. Alſz aber der edle Caſpar
nacher Melaw kam, tett er dem Furſten
eynreden, es zime ſich nicht, dz eyn Benckel=
ſenger auſz dem Oelberger * Beſcheid tette.

Macht

---

* Wer eyn ſtattlich Schalenglaſz ob. Pocal, den
yedes Mitglyd des lobl. Palmenordens, bey
der Uffname, vol Weyn auſztryncken muſt.

Machtt den loblichen Fnrſten abwendig, wurd Meyſter Gabryel hindangeſetzt, kam zu Meſkaw gar eyn' newe Art uff, wurden da ſonderlidhe Klynggedychte vnndt Ryngelreyme verleſenn, nach welſcher Weyſe, vnndt alte teutzſche Reyen wollt keyner noch horenn noch achtenn.

Deſz tett ſich Meyſter Gabryel ynnigklichen hermenn, dz ſeyne altteutzſche Reyen vnndt Lider nimannd furt liben mochtenn, muſt ſie bey ſich haltenn. War eyn kurtzer runder faſt feyſter Mann, vnndt ſynd derley Volckslider faſt uffblehender Natur, iſt er zu Nacht ſchyr erſtickt funden worden, konnt kaum mit eben ſchwacher Stimmen krechzen:

Es ritt eyn Jeger wolgemut
Wol ynn der Morgen‑Stunde,

vnndt verſcheyd darob, Anno Dom. 1619.

Seyn

Seyn Leyb ist zu Melaw uff gemei͞nem Kirchhoff begraben, seyn arme Seel aber hett sint deßen keyne Rue. Seyn'n Geyst hortt man oft vorm Schloße zu Melaw wo der Turm stund, dreymal kleglich seufzen, denn wandertt er uffm Wege von Melaw nacher Beuchlitz, da jn mancher Bidermann oft gesen vnndt begegnet hett. Jst stets sittiggrun angetan, tut nimanden leydes, wandelt uff gruner Heyde, stet bey Stegen, bey anmutigen Waßern vnndt Bechleyn, bey heyterm Mondenscheyn, vnndt syngt mit heller Stymmen altteutzsche Volckslider.

So hab denn ich Endesbenannter, Meyster Gabryels Geyst oft behorcht, vnndt anſz deſzen Munde, nachgeſetzte echte altteutzſche Reyen vnndt Lider, wo ich gekonnt, auch mit dero echten alten Weyſen, uffgeſchriben, vnndt laſze ſie, erbern Handwerckßgeſellen, Benckelſengern, vnndt andern Volcke zu frommen, ynn offnen Truck aufzgeen.

Meyſter Gabryels Geyſt ſyngt noch ymmer fort. Konntt nicht der erwirdig P. Gaſzner etwann eyn Wunderteter in Elwanngen ym Beyerlande, welcher dato nach Oberſachſen vnderwegs, des ✠ ✠ ✠ Teufels Macht zu zerſtoren, oder ſonſt eyner der ſtattlichen Wunder=

derteter ynn der Schweytz, wirdt seyn, der St. Martyn vonn Schyrbach, die Waszerprophetynne tzu Byel, vnndt derley mer, den Geyst bannen, vnndt d' arme Sel zur Rue bringen, werd' ich Endesbenamter furbasz horchen, vnndt wol tzu Jar wider eyn'n kleynen Almanach * vol Volcks=

---

* 's mögen erbere Gewercke hîmit wiszen, dz diser Zeyt, eyn Allmanach nimmer eyn Calender ist, nachen Jarzeyten vnndt Wetter tzu seen, oder ob nöthig Haar abzuschneyden vnndt Bawholtz tzu fellen, gleych vnsere liben alten teten. Sondern sint nicht lengsten, heist eyn Allmanach eyn jerliches Bundel fast kleyner Veiseleyn vnndt lustiger Schlemperliber, muszigem Volcke zur Kurtzweyl, vnndt werden solliche Allmanachen, eben klyntzerlich kleyn getruckt, di furen almodische Meszleyn

Volckslider auszgeben lassen, 's ist doch nicht newmodische Lapperey vnndt Flyckerey, deren werte teutzsche Nation wol mussig geen konntt, sondern 's sind echte altteutzsche Reyen, alsz vnsere liben Voreltern hetten, vnndt gereycht erberm Schustergewerck tzu Trost vnndt Eren. Desz mag der Neydhart di Jene fletzschenn, kummert mych nicht.

Mstr. Daniel Seuberlich
Schuster zu Rigmück ann der Elbe.

leyn vnndt Damen, ynn jren Teschleyn vnndt Neebeuteln, gleych eben, fromme Handtwerckspurschen, den Wanderszmann oder Curbachs Hertzenssenftzerleyn, ynn jren Rentzeln furen tuen.

C

Tempo giusto.

Es war eynmal eyn Schu=macher=Ge=

sel, d3 war eyn yun=ges Blut!

I.
Eyn feyn Lied von ey'm Schu=macher=Gesellen.

Es war eynmal eyn Schumacher=Gesel,
D3 war eyn yunges Blut.

Der machtt des yungen Wildgraven seyn Weyb,
Eyn paar schneweiße Schu.

Als

Alß nu die Schue verfertiget warn,
Legt er sych nider vnndt schlyf.

Da kam des yungen Wildgraven seyn Weyb,
Setzt' sich zum Heupte vnndt ryf.

„Stee uff! Stee uff! Schumacher-Gesel!
„Eß ist schon an. der Zeyt!

„Du solst heunt bey myr ligen gar seyn,
„An meynem schneweißen Leyb."

Sie schawten wol hin, sie schawten wol her,
Sie dachten sie weren alleyn.

Da furte der Teufel das Kammermensch her
Zum Schluß-lloch guckte sie 'neyn

„* Ach gnediger Herr, groszmechtiger Herr,
„Grosz Wunder von ewren Weyb!

C 2 Da

---

* Dz Kammermensch soll man seyn, mit der Fy-
stel, eyn Octaven höer, vnndt den Wildgra-
ven eyn Octaven tifer syngen.

„Da ligt eyn yunger Schumacher‚Gesel,
„An jrem schneweiszen Leyb.„

„„Ligt denn eyn yunger Schumacher‚Gesel,
„„An jrem schneweiszen Leyb.

„„Eyn Galgen lasz ich bawen gar seyn
„„Da sol er hengen dreyn.„„

Alsz nu der Galgen verfertiget war,
Furt man jn zum Tor hinausz.

Da kam behend eyn' reytende Post,
Man solt' jn laszen losz.

Wohinn, wohinn, Schumacher‚Gesel!
Wohinn stet dyr deyn Synn?

Nach Coblentz will ich reysen behend
Nach Dusseldorf stet myr meyn Synn.

Wasz zog sie von jrem Fynger gar seyn?
Eyn Ryngleyn von Golde so rot.

Da hir, da hir, Schumacher‚Gesel,
Dz trage bisz yn den Tod.

Wos

Wes zog sie außz jrer Tasche gar feyn?
Dreyhundert Goldgülden so rot.

Da hir, da hir, Schumacher-Gesel,
Da kauf dyr Weyn vnndt Brod.

Ist Reynischer Weyn dyr zu sawer, meyn Kind,
So trinck süßzen Malvasier.

Vnndt wenn du dz Geldchen verzehret nu hast,
Komm wider, vnndt bleybe bey mir.

II.
Eyn klegliche Mordgeschicht,
von ey'm Graven vnndt eyner Meyd.

Ym Ton: Eß lag ein Schloßel in Oesterreich ꝛc.

Eſz ſpylt eyn Grav mit eyner Meyd,
Sie ſpylten alle beyde,
Sie ſpylten die libe lange Nacht
Bſſz ann den hellen Morgen.

Alſz nu der helle Morgen anbrach,
Dz Meydleyn fing an zu weynen,
Eſz weynt ſich die ſchwartzbraun Eugleyn rot,
Ryngt jre ſchnewſſze Hende.

Wein'

Weyn' nicht, weyn' nicht, allerschonstes Kynd!
Die Ere ich dyr bezale,
Ich will dyr geben eyn'n Reuters-Knecht,
Dazu dreyhundert Taler.

Ewern Reutersknecht den mag ich nicht,
Was frag ich nach ewern Gelde,
Ich will zu meyner Fraw Muter geen,
In eynem frischen Mute.

Als sie nu vor die Stadt Regenspurg kam,
Wol vor die hoen Tore,
Da sah sie jre Fraw Muter stehn,
Die tet ir frewndlich wincken.

Wyllkommen, wyllkommen o Tochter meyn,
Wie hat esz dyr ergangen,
Deyn Röckleyn ist dyr von hynden so lang,
So kurz ist dyrs von vorne.

Sie nam das Meydleyn bey der Hand,
Vnndt furte sie ynn jr Cammer,
Sie setzt jr uff, eyn Becher Weyn,
Dazu gebackne Fische.

Ach hertzallerlybste Muter meyn,
Ich kann noch essen noch trincken,
Machet myr eyn Bettleyn weyß vnndt feyn,
Dz ich darynn kann ligen.

Alß eß nu gegen Mytternacht kam,
Dz Meydleyn tet verscheyden.
Da kam dem jungen Graven eyn Traum,
Seyn Lybchen tet verscheyden.

Ach! hertzallerlybster Reutknecht meyn,
Sattel myr vnndt dyr zwey Pferde,
Wir wollen reuten Tag vnndt Nacht,
Biß wir die Post erfaren.

C 5   Als

Alſz ſie nu vor die Stadt Regenſpurg kam'n,
Wol vor die hoen Tore,
Da trug'n ſie ſeyn feyn Lybchen heraus,
Uff einer Todten-Baare.

Setzt, ab ſetzt, ab ir Treger meyn,
Dz ich meyn Lybchen ſchawe,
Ich ſchaw nicht meer alſz noch eynmal,
Ynn jre ſchwartzbraunen Augen.

Er deckt jr uff das Leychen-Tuch,
Vnndt ſah jr vnnder die Augen,
O wee! o wee! der blaſze Tod,
Hats Eugleyn dyr geſchloſzen.

Er zog heraus ſeyn blanckes Schwerdt,
Vnndt ſtach ſych ynn ſeyn Hertze;
Hab ich dyr geben Angſt vnndt Peyn,
So wyll ich leyden Schmertzen.

Man

Man legt den Graven zu jr ynn Sarg,
Verscharrt sie wol vnnder die Lynde,
Da wuchsen, nach drey virtel Jar'n,
Aus jren Grabe drey Nelken.

pfort', di pfort', di pfort'.

III.
Eyn Hyrten=Lyd.

Sagt myr o schonste Scheferynn meyn,
Der Augen edle Zyr!
Darf ich bey euch nicht keren eyn,
Alß eyn getrewer Hyrt?
Ich stee schons lang vor ewrer Tur,
O Scheferynn! eroffnet mir,
Di pfort, di pfort, di pfort.

Wer da? wer klopft vor meyner Tur,
Vnndt wil zu myr hereyn?
Meyn Huttleyn ich erofne nicht,
Ich lasze nimand eyn,
Vnndt wenn er auch der schonste wer,
So macht er myr meyn Herz nicht schwer,
Vmbsonst! vmbsonst! vmbsonst!

Die

Die finstre Nacht hat mich verfurt,
In'n Wald, meyn trautes Kynd!
Drum bitt ich, schlagts euch aus dem Synn,
Vnndt macht myr uff, geschwind;
Ich hab mych allzeit uffgefurt,
Wie'sz eyrem trewen Hyrt'n gebnrt.
Allzeyt, allzeyt, allzeyt.

Ich komm nicht her aus Libsbegyr,
Wiewol jr libens wert,
Di finstre Nacht hat mych verfurt,
Wie jr zuvor gehort,
Weil ich keyn Haus keyn Hutt mer sind
Darum macht uff, hertzlibstes Kynd!
Macht uff, macht uff, macht uff!

So wil ich aus Erbarmen dann
Erhören deyne Bitt,
Die Pforte stehet offen schon,
Komm nur in meyne Hutt.
Ach Schatz! wie see ich euch hir sten?
Wie tugend'am, wie zart, wie schon,
Seyd jr, seyd jr, seyd jr!

Ach wie war ich so vnbedacht,
O edler schoner Hyrt!
Dz ich nicht eer hab uffgemacht,
Du haſt meyn Hertz gerürt.
Komm 'neyn, o ſchonſter Schefer meyn,
Ich wyll allzeyt deyn eygen seyn,
Ich wyll, ich wyll, ich wyll.

O werter Schefer! mach deyn Hutt,
Nur alſobald bey myr;
So war ich leb', ich weych keyn'n Schrytt,
Jetzund mer ab von dyr.
Meyn Hertz iſt deyn o werter Hyrt,
Biſz esz der Libe machen wyrd,
Eyn End! eyn End! eyn End!

) 49 (

May͜en am Rey͜en, sich frew͜en, al͜le

Kna͜ben vnnd Meyde͜leyn.

IV.
Eyn Jeger-Lied.

Es rytt eyn Jeger wolgemut
Wol ynn der Morgenstunde,
Wolt yagen ynn dem grunen Wald,
Mit seynem Roß vnndt Hunde,
Vnndt alß er kam uff gruner Hayd,
Da fand seyn Hertze Lust vnndt Frewd.
Im Mayen, am Reyen, sich frewen
Alle Knaben vnndt Meydeleyn.

Der Guckgnck schreyt, der Awerhan pfalzt,
Dazu die Turtel-Tawben,
Da fing des Jegers Roßleyn an
Zu schnarchen vnndt zu schnawben.
Der Jeger dacht ynn seynem Mut
Das Jagen kann noch werden gut.
Im Meyen, am Reyen, sich frewen
Alle Knaben vnndt Meydeleyn.

Der Jeger sah seyn edles Wild
Frisch hurtig vnndt geschwinde,
Es war eyn schones Weybes-Bild
Dz sich allda ließ finden,
Der Jeger dacht ynn seynem Synn,
Tzu disen Wilde yag ich hynn
Im Meyen, am Reyen, sich frewen
Alle Knaben vnndt Meydeleyn.

Ich gruß euch Jungkfraw hipsch vnndt feyn,
Von Tugend reych vnndt schone,
Wz ich ynn disem Wald erschleych,
Dz mach ich myr zu eygen.
                                        Ach!

Ach! edler Jeger wolgeſtalt,
Ich bin nunmer ynn ewer Gewalt.
Im Meyen, am Reyen, ſich frewen
Alle Knaben vnndt Meydeleyn.

Er nam ſie bey jrer ſchneweiſzen Hand,
Nach Jeger Manir vnndt Weyſe,
Er ſchwung ſie vorne uff ſeyn Roſz,
Gluck zu! wol uff di Reyſe;
Drum iſt das Gluck ſo kugelrundt,
Des frewt ſich mancher der myr kundt
Im Meyen, am Reyen, ſich frewen
Alle Knaben vnndt Meydeleyn.

V.
Eyn Sächsisch Pawren-Lied.

Gott gruß'ch wol ynn der Stube!
Was gylts, ich gih grad' zu.
Ich pynn a Pawers Pube,
Der nich mih † hipsch kann tu.
Hansz Aden, * Hansz Aden,
Kumm hewr iu gruszen Schaden
Ynn grusze †† Nut oazu.

Syd jr nich prave Lewte,
Sygt wi di Fursten da,
Derft nich myt Schmalhanns leyden,
Wie ich pey mayner Fra.
Die Grite, die Grite,
Die tut myr selzen ** 'ne Güte
Läst 'ch doch meyn' Nut *** erklah

---
† mehr †† Not * Adam. ** selten. *** klagen.

Ich war a gruszer Junge,
Ging, mit Verlöb, uff d' Freyt
Da isz myr's nu gelungen
Dz 'sz myr's uffm Hertzen leyt,
Wie Steene! wie Steene!
Ach wer' ich munt † alleene
Unn hett noch nich gefrey't.

Ich Hunnsf.** ba gefreegen,
'Sis eytel Hudeley!
Da kummt die Fra geschreegen,
Spricht: Aden quyrl'n Pray
Koch Klüsze, koch Klüsze
Soll mich dos nich verdryszen?
Isz dz nich Hudeley?

Da

---

† nur

) 55 (

Da pynn ich nu geschuren
Schon anne * ebne Zeyt,
Ich ha's er aber * * geschwuren:
Wenn sie in Wuchen leyt,
Da will ich, da will ich — —
Versaufen allen Zwyllich
Den ich myt er † erfreyt.

---

* eyne   *.* aber   † ir

wa ſ ſ ſ cker.

VI.
Eyn Lied vom Huten.

Eyn Sew-Hirt der hut bey dem Korn,
Der darf wol Hutens hynden vorn.
Eyn Roſz-Hirt bey eym Haber-Acker,
Muſz allzeyt munter ſeyn vnndt wacker.

Eyn Kuh-Hirt unden oben wert,
Wenn er bey eyner Matten * fert.
Eyn Geyſz-Hirt bey eynem Krawt-Garten,
Uff yeden Sprung muſz fleyſzig warten.

Wer aber hut eyn yunges Weyb,
Der ſee dz er bey Sinnen bleyb
Lybt ſie nicht Mann, furcht Gottes Zoren
So iſt all Hut vnndt Wacht verloren.

D 5

* od. Wieſen.

) 58 (

Pewrisch

'S hett eyn pawr eyn schönes Weyb

hett' jr al / les anvertrawt, legt sych

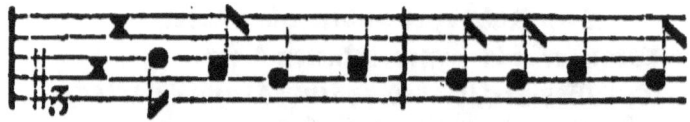

nye / der schla / fen hm! hm! hm! ha

ha ha! legt sych nye / der schla / fen.

VII.
Eyn new Lyd, von eym Pawren

'S hett eyn Pawr eyn schones Weyb,
Hett jr alles anvertrawt,
Legt sych nyder schlafen,
Hm hm, hm,
Ha, ha, ha,
Legt sych nyder schlafen.

Als der Pawr vom Schlaf erwacht,
Er an seyne Fraw gedacht,
Wz sye wol tet machen,
Hm, hm, hm,
Ha, ha, ha,
Wz sye wol tet machen.

Gyng

Gyng zu jrer Cammertur,
Lag eyn groszer Rygel dafur,
Macht eyn grosz Gerumpel,
Hm, hm, hm,
Ha, ha, ha,
Macht eyn grosz Gerumpel.

Man! ach Man! ach lyber Man!
Was fangst fur 'n Gerumpel an?
's Kynd ist myr erschrocken,
Hm, hm, hm,
Ha, ha, ha,
's Kynd ist myr erschrocken,

) 61 (

Laß d3 Kynd erschrocken seyn,
Ich muß in dye Cammer 'neyn,
'neyn zu meynen Weybe.
Hm, hm, hm,
Ha, ha, ha,
'neyn zu meynem Weybe.

Alß der Man furs Bette kam,
Hyng eyn fremder Fylzhut dran.
Fraw wem ist der Fylzhut?
Hm, hm, hm,
Ha, ha, ha,
Fraw wem ist der Fylzhut?

'ch hab dye Sachen z'sammen g'rast
Hab' den Fylzhut mitgefaßt,
Fylzhut ist gefunden,
Hm, hm, hm,
Ha, ha, ha,
Fylzhut ist gefunden.

's Morgens kam eyn ander Man,
Klopft sacht an den Laden an,
Fraw gebt meynen Fylzhut,
Hm, hm, hm,
Ha, ha, ha,
Fraw gebt meynen Fylzhut.

Ewer Filzhut machet schyr,
Dz meyn Man schallu uff mir,
Schylt mich schyr 'ne H**
Hm, hm, hm,
Ha, ha, ha,
Schylt mich schyr 'ne H**

Ach jr lyben Pewerleyn!
Lafzt euch dz 'ne Warnung seyn,
Trawt nicht ewren Weybern!
Hm, hm, hm,
Ha, ha, ha,
Trawt nicht ewren Weybern!

VIII.
Eyn Jeger=Lyd.

Es bliſz eyn Jeger wol vnn ſeyn Horn,
Vnndt alles was er bliſz, dz war verlornn,
Hop, ſa, ſa, tra, ra, ra, ra,
Vnndt alles was er bliſz, dz war verlornn.

Soll denn meyn Blaſen verloren ſeyn,
Vyl lyber wolt ich keyn Jeger ſeyn,
Hop, ſa, ſa, tra, ra, ra, ra,
Vyl lyber wolt ich keyn Jeger ſeyn.

Er zog ſeyn Netz wol ubern Strauch,
Da ſprang eyn ſchwartzbraunſz Maydel herauſz,
Hop, ſa, ſa, tra, ra, ra, ra,
Da ſprung eyn ſchwartzbraunſz Maydel herauſz.

Ach schwartzbraunsz Meydel entspring mir nicht
Ich habe grosze Hunde, die holen dich,
 Hop, sa, sa, tra, ra, ra, ra,
Ich habe grosze Hunde, die holen dich.

 Deyn' grosze Hunde, di tun myr nichts,
Sie wiszen meyne hoe weyte Sprunge noch nicht.
 Hop, sa, sa, tra, ra, ra, ra,
Sie wiszen meyne hoe weyte Sprunge noch nicht.

 Deyn' hoe weyte Sprunge, di wiszen sy wol,
Sie wiszen, dz hewte noch sterbenn solt.
 Hop, sa, sa, tra, ra, ra, ra,
Sie wiszen, dz hewte noch sterbenn solt.

 Vnnde sterb ich nu, so bynn ich tot,
Begrabt mann mich vnnder dye Rosen rot
 Hop, sa, sa, tra, ra, ra, ra.
Begrabt mann mich vnnder dye Rosen rot

Wol

Wol vnnder dye Rosen, wol vnnter den Klee
Darunnder vergee ich nimmermee,
Hop, sa, sa, tra, ra, ra, ra,
Darunnder vergee ich nimmermee.

Esz wuchsen drey Lilien uff jrem Grab,
Esz kam eyn Rewter, wolt sie brechen ab,
Hop, sa, sa, tra, ra, ra, ra,
Esz kam eyn Rewter, wolt sie brechen ab.

Ach Rewter, lasz dye Lilien stan,
Esz sol sie eyn junger frischer Jeger han,
Hop, sa, sa, tra, ra, ra, ra,
Esz sol sie eyn junger frischer Jeger han.

Artiglich.

Jungfrewleyn soll ich mit euch
Dort wo die roten Röslein

geen, in ewren Rosengarten,)
steen, die feynen vnndt die zarten,)

Vnndt auch ein Baum der blüet vnndt

seyne Lewbleyn wigt, vnndt auch ein

ku-ler Brunnen der grad dar-unn-
der ligt.

IX.
Eyn Lyd vom Rosengarten.

Jungkfrewleyn ſol ich myt euch geen,
Ynn ewren Roſengarten,
Da wo dye roten Rosleyn ſteen,
Dy fernen vnndt dy zarten,
Vnndt auch eyn Baum der blůet,
Vnndt ſeyne Lewbleyn wigt,
Vnndt auch eynn kuler Brunnen
Der grad darunnder ligt.

Jn meynen Garten kommst du nicht,
An diesem Morgen fru.
Den Gartenschluszel findst du nicht,
Er ist verborgen by.
Er lygt so wol verschloßen,
Er lygt in guter Hut,
Der Knab darf seyner Leere,
Der mir den Gart'n ufftut.

Jn meynes Bulen Garten wol,
Da steen der Blumleyn vyl,
Wolt Gott, solt ich jr'r warten wol,
Dz wir meyn Fug, vnndt Wil'
Die roten Rosleyn brechen,
Denn esz ist an der Zeyt;
Jch hoff' ich wol' erwerben
Die myr ymm Hertzen leyt.

Gut Gesel darum mich beten * hast,
Dz kann vnndt mag nicht seyn,
Du wurdest myr zertreten han,
Dye lybsten Blumleyn meyn,

So

---

* beten od. gebeten.

So keere nu von hynnen,
Vnndt gee nur widerum heym,
Du brecht'ſt mich doch zu Schanden,
Furwar, dz wer nicht ſeyn.

Dort hoch uff eynem Berge,
Da ſteet eyn Mulenrad,
Dz malet nichts als Lybe,
Die Nacht, biß an den Tag.
Die Müle iſt zerbrochen,
Die Lybe hat eyn End.
So ſegn' dich Gott meyn feyn's Lyb,
Itzt far ich ins Ellend.

** ins Ellend; dz iſt in fremde Lande.

Mannhaft.

(Es ryt = ten drey Rew = ter zum
Feyns Lybchen kuck = te zum Fen =

Tor hin = auſz. A = de!)
ſter her = auſz. A = de!)

Vnndt wenn es muſz ge = ſchy = den

ſeyn, ſo reych myr deyn gol = de = nes

X.
Abschyds=Lyd.

Es rytten drey Rewter zum Tore hinausz
  Ade!
Feyns Lybchen gucktc zum Fenster herausz
  Ade!
Vnndt wenn es musz geschyeden seyn,
So reich mir deyn goldnes Ringeleyn,
  Ade! Ade! Ade!
Ja, scheyden vnndt lassen tut wee.

Vnndt der vns scheydet, dz ist der Tod,
  Ade!
Er scheydet so manches Mäydleyn rot,
  Ade!
Er scheydet so manchen Man vom Weyb,
Dye konten sich machen vil Zeytvertreib,
  Ade! Ade! Ade!
Ja, scheyden vnndt lassen tut wee.

Er scheydet dz Kindleyn ynn der Wiegen,
  Ade!
Ich werde meyn schwartzbraunesz Meydleyn noch
                krygen.
  Ade!
Tets wol gescheen ynn kurtzer Zeyt,
Tets machen vnns beyden eyn grosze Frewd,
  Ade! Ade! Ade!
Ja, scheyden vnndt laszen tut wee.

XI.
Eyn hipſch Jeger-Lyd.

Eſz wollt' eyn Jeger jagen,
Eyn Hirſchleyn oder eyn Ree.
Drey Stundleyn vor den Tagen;
Ein Hirſchleyn oder eyn Ree.

Ach Jeger du haſt es verſchlafen,
Lyber Jeger yetzt iſt es Zeyt.
Deyn Schlaf tut mich erfrewen,
In meyner ſtillen Einſamkeit.

Dz tett den Jeger verdriſzen,
Dieweyl ſie ſo reden tett,
Er wolt' dz jungfrewleyn erſchyſzen,
Dieweyl ſie ſo reden tett.

Sie fyel dem Jeger zu füſzen,
Uff ire ſchneweyſze Knye:
Ach Jeger tu mich nicht erſchyſzen!
Dem Jeger das Hertze wol brach.

Sie tett den Jeger wol fragen:
Ach edler Jeger meyn,
Darf ich eyn grun Crantz fern tragen,
In meynem goldfarbnen Haar?

Grun Crånzleyn darffſt du nicht tragen,
Wie eyn Jungfreweleyn tregt,
Eyn ſchneweyß Heubleyn ſolſt tragen,
Wie eyn iung Jegers Fraw trågt.

) 81 (

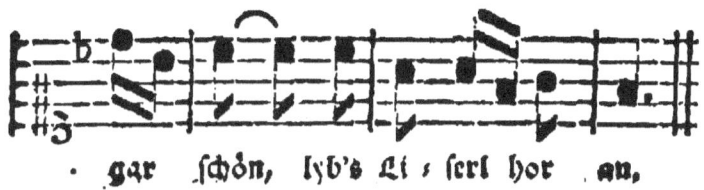

. gar schön, lyb's Li‑serl hor an.

XII.
Eyn Schwebisch Volcks‑Lyd.

———

Jacob.

Guten Morgen liebe Lyserl, ach layh mir dayn' Latern,
Eich ischt ya so finschter vnndt scheynt nit ai Stern,
Eich ischt ya so finschter vnndt scheynt nit der Mand,
J bitt' dich gar schön, libs Lysert hor an.

F   Lyserl.

Lyserl.*

J darf dirs nit laihe, mai Muter ischt bösz
Si tut bald nachschleyche, wenn si hort a G'rösz.
Wer hat dich herg'rufe, so spat bai der Nacht,
Laternel mocht breche, 's nit so g'schwind g'macht.

Jacob.

Schon's Schazerl! lyb's Lyserl! abschlag mir
doch nit,
Subtil wil 'ch damit umgee', dz es nit gar zerbrich;
Ach ayl doch geschwindlich, du auszerwelt's Kind.
Vnnd lay mir day Laternel, mai Kerzel scho brennt.

Lyserl.

---

* Lyserls Antwort sol seyn durch die Sistel g'sun-
gen werden.

Lyserl.

Ey du Bürsch'l wasch wähnscht'? J verlay'
mai Latern?
Main' Muter wird schelte, ij hor's scho vo fern.
Ja Muterl' wird schelte, ij hor's scho vo fern?
Wird heyße: Du Schnapperl', wo bascht day'
Latern.

Jacob.

Darfschst drum nit so stscholz sey', mit day-
ner Latern,
Unsers Nachbars sai Caterl' die laiht mir sie gern,
Wenn s' glai a bißl' z'rrißz'e ischt, ischt s' doch
noch wol gut,
Unndt wenn a der Wind weet, halt' i vor may-
n'n Hut.

Innyglych.

(Vnndt alß i'amahl war ge-kom-
(Da kam d'r Cu-py-do ge-rou-

ma, myt mayn'm klay'n Buberl' z'
na, ver-bynd'l verband'l mayn

scherz)
Herz)   Da dacht ij waſch-ſoll

ij nu ma-che, dy Flam-ma hoer ij

XIII.
Eyn Schwebisch Lyebes-Lyd.

Vnndt alſz ij 'nmal war gekomma
Mit mayn'm klayn'n Buberl' z'ſchertz
Da kam d'r Cupido geronna,
Verbind'l verband'l mai Hertz.
Da dacht' ij waſch ſol ij nu mache
Die Flamma hort ij ſchon krache.
Vnndt wann ij 'n mal klains buberl' g'denck
Schir alle Minuten 'm ſchenck.

Wem soll dz Buberl' nit g'falla!
Eiz ischt ja so suber vnndt waisz,
Hat 'n Mund'l als wer's von Coralla
'S verdint vor alle den Praisz.
'S hat sai' schö Fusz'l vnndt Hendel.
Behange mit goldene Bendel
Vnnd wenn ij 'n mal klains buberl g'denck,
S.hir alle Minuten 'm schenck.

XIV.
Noch eyn
Schwebisch Lyebes-Lyd.

Tzum Sterben bin ij
Verlybet in dich,
Dayne schwartz-brawne Eugeleyn,:,:
Verfuren ʃa mich.

Blicht hyr od'r bischt dort
Oder ʃonʃchſt an eym' Ort,
Wolt' wunʃche, konnt rede:,:
Mit dir ey' paar Wort.

Wolt' wunʃche 's wer' Nacht,
Mayn Betleyn wär g'macht,
Ji wolt' mich dreyn lege
Seyns Lybche darnebe,
Wolt' ſ'hertze daſʒ ſ' lacht.

Mayn Herz ischt verwund't
Komm schatzerl mach mich g'sund,
Ach 'rlaub mir zu küße:,:
Dayn'n purpur rot'n Mund.

Dayn purpur rot'r Mund,
Macht Herze gesund
Macht d' Jugend verstendig,
Macht Tote lebendig
Macht Kranke gesund.

Sonscht kayner ischt hir,
Derselbig' g'fall mir,
Hett dayne brawn' Eugleyn:,:
Dayn schone Manir.

Mayne Muter d' hat nu
Eyn schwarz brawne Kuh.
Wer wird sie denn melcke:,:
Wenn 'ch heyrate tu.

Der dz Lydel hat g'macht
Hat's Lyben erdacht,
Drum wunsch ich mayn fayn's Lybchen:,:
Vyl tausend gute Nacht.

Faſzt poſzyrlich.

(furwitz der Cramer hat vyl
Wer ichts bedarf, der fug ſych

Waar ge-bracht auſz fernen Landen,
dar, ſind man-cher-ley vor-han-den.)

Eyn je-der Gauch fynd ſeyn Manyr,

vnndt Geck von al-len En-den, das

myt er schön sich schmuck vundt zyr, dy

Faßnacht zu vol=len, den.

XV.
Eyn Faßnacht-Reyen.

Furwitz der Cramer, hat vil Waar
Gebracht aus fernen Landen,
Wer ichts bedarf, der fug' sich dar,
Find't mancherley vorhanden,

Eyn

Eyn jeder Gauch* findt seyn Manir,
Vnndt Geck von allen Enden,
Damit er schon sich schmuck* vnndt zyr*
Die Faßnacht zu volenden.

Der Narrenkappen hat er vil,
Fur alt, vnndt jung' Gesellen,
Di dinen zu dem Faßnachtspil,
Sich nerrisch anzustellen.
Vil Kittel zu der Mummerey,
G'macht von seltsamen Farben.
Vil Larven, di sind auch dabey,
Wer der' je nicht wil darben.

vil

---

* Solt ob disem Reyen schir wenen, d'liben Alten
hetten vnnder Gauch vnndt Geck, verstanden,
wz sint kurtzem Genye vnndt Original heyßt.
Treiben solche Genyes eyn Faßnachtewesen,
dz man wol seen mocht, s' mogen dem Kramer
Furwitz weydlich inn Kram griffen haben.

Vil Bawrengopen * hat er feyl,
Darzu groß' Furmannskappen;
Ob eyner wurd so frech vnndt geyl,
Wolt' bewrisch umher tappen,
Vnndt manchen Bidermann allhie,
Sern tölpisch niderrennen;
Wenn er Stro bindet vmb di Kni,
Kann man jn nicht erkennen.

Eyn Sack mit Asch' dint auch dazu,
Vil Staub damit zu machen.
Vmblauffen als eyn' tolle Ku,
Meyn'n man sollt' jr'r ser lachen.
Lauffen in Kot wel hinn vnndt her,
Eyn' jeden zu besprutzen,
Biß sie sich selbst gantz ungefer,
Selbst fylen in den Pfutzen.

Der

---

* Gopen oder Kittel.

Der Kramer hat vil Saytenspyl
Di ich einsteils wil melden:
Eyn Sackpfeif vnnd ein Pfannenstyl,
Posaunen hort man selten.
Ein Laute, di seyn' Sayten hett,
Dazu ein hulzen G'lechter *
Dabey ein Kuhern seer wol steet,
Vnndt eyn verroster Trechter!

Ein Biewl' man fur eyn Fidel nimmbt **
Eyn' Topf mit eynem Teller,
Eyn Kessel sich dazu wol zymt,
Klingt weydlycher vnndt heller.
Eyn Bratspiß vnndt eyn'n alten Rost,
Di muß man zitlich schlagen,
Dz alles klingt nach Herzens-Lust
In disen Faßnachtstagen.

Der

---

* Sonst eyn Stro-Fidel genannt.
** Tan dz, d' almodische Poeten dickmals.

) 97 (

Der Kramer läßt eyn'n Krantz zuletzt
Ligt in dem Kram verborgen;
Den Gauch, den dunckt zu seyn der beß,
Wil er damit verforgen:
Eyn Eychenlaub mit Stro durchschnurt,
Mit Schellen seyn umwunden,
Gebürt dem Gauch, der Geuche furt,
In disen Faßnachts-Stunden.

her-zer Li-be schey-den, dz

tut wee.

XVI.
Eyn hipsch Lyd zum Abschid.

Wolluſt in dem Meyen,
Die zeyt hat Frewden bracht,
Die Blůmleyn mancherleye,
Eyn jeglichs nach ſeyn'r G'ſtalt,
Eſz ſind die roten röſeleyn,
Der feyel, der grune Klee.
Von herzer libe ſcheyden,
Dz tut wee.

Der Vögeleyn Gesange,
Die Zeyt hat frewden bracht,
Jr Lib tet mich bezwingen,
Frewndlich ſie zu mir ſprach:
Solt ſchönes lib ich fragen dich,
Wolſt ſeyn berichten mich.
Genad mir ſchöne Frawe,
So ſprach ich.

Vll kurtzweyl konnt ſie machen,
Dem jungen Hertzen meyn,
Vor frewd muſz ich noch lachen,
Wiwol meyn Hertz leydt peyn.
Ich bit dich auſzerwelte Fraw,
Hilff mir auſz ſolcher not;
Schleuſz uff deyn rotes mundleyn
Deyn mundleyn rot.

Ob mir darauſz mag werden,
Gar eyn frewndlicher Kuſz
Fur frewd'n uff diſer Erden,
Wurd mir meyn Hertz getröſzt;

Meyn

Meyn Hertz muß Kummer dulden,
Biß dz mir widerfart.
Gott g'segne dich du seynes
Frewleyn zart.

Nach manchem seufzer schwere,
Kumm' ich wol wider dar,
Nach jammer vnndt nach leyde,
See ich deyn Eugleyn klar.
Ich bitt dich auszerwelte meyn,
Lasz dir befolen sein,
Dz trewe yunge Hertze,
Dz Hertze meyn.

Die Fraw wz bleicher Farbe,
Bleich' war jr Mündelein,
Sie schry mit heller Stymme,
Kumm kleines Tödelein,
Vnndt fur mich bald von hinnen,
Diweyl ich elend bin,
Mein Trost fert gar von hinnen,
Fert gar dahin.

Luſtyg.

Dz Meydleyn will eyn'n Freyſ

er han, vnndt ſolt ſy'n auſz der

Er ſ de grab'n fur funf ſ zeen

Pfenn'ge.

XVII.
Eyn hipsch Lyd, vom Freyen.

Dz Meydleyn will eyn'n Freyer han,
Vnndt sollt sie 'n aufz der Erde grab'n,
Fur funfzeen Pfenn'ge.

Si grub wol ein, si grub wol aufz,
Vnndt grub nur einen Schreyber herausz,
Fur funfzeen Pfenn'ge.

Der Schreyber hett dz Geld zu vil,
Er kauft dem Meydlein wz si wil,
Fur funfzeen Pfenn'ge.

Er kauft jr wol eyn'n Gurtel schmal,
Der stuzt von Gold wol überall,
Fur funfzeen Pfenn'ge.

Er kauft jr evnen breiten Hut,
Der wer wol fur die Sonne gut,
Fur funfzeen Pfenn'ge.

Wol far die Sonn' wol fur den Wind
Bleyb du bey mir, mein libes Kind,
Fur funfzeen Pfenn'ge.

Bleybst du bey mir, bleyb ich bey dyr,
All' meyne Guter schenck ich dyr.
Synd funfzeen Pfenn'ge.

Behalt deyn Gut, laß myr meyn'n Mut,
Du fynd'st wol eyn' die's gerne tut,
Fur funfzeen Pfenn'ge.

Die's

Di's gerne tut, di mag ich nicht,
Hat traun von trewer Libe nicht
Fur funfzeen Pfenn'ge.

Jr Herz ist wie eyn Taubenhauß,
Flygt eyner 'nern, der ander flygt auß,
Fur funfzeen Pfenn'ge.

Poßyrlich.

(Es hett eyn Pawr eyn jun-ges
Sie ret den Man be-re-den

Weib, Sie blyb so gern zu Hausz)
feyn, er solt sich machen ausz,

Solt faren in dz Hew, solt
fa-ren in dz Hewder-ley, ach

XVIII.
Eyn luſtig Lied.
von
ey'm Pawern vnndt ſeyn'm Weybe.

―――

Es hett eyn Pawr eyn junges Weyb,
Sie blib ſo gern zu Hawſz;
Sie tet den Man bereden ſeyn,
Er ſolt ſich machen auſz;
Solt faren in dz Hew,
Solt faren in dz Hewderley,
Ach Hewderley :,:
Solt faren in dz Hew.

Der Man gedacht' in seynem Sinn,
Die Reden weren gut,
Ich wil mich hinnder d' Hawsztur stelln,
Wil seen, wz dz Weybchen tut.
Wil sag'n ich far hin ins Hew,
Wil sag'n ich far ins Hewderley,
Ach Hewderley :,:
Wil sag'n ich far ins Hew.

Da kam eyn junger Rewtersknecht
Tzum jungen Weybchen 'reyn,
Frewndlich tet sie empfangen jn
Gab strack's jr'n Willen dreyn.
Ist denn der Man ins Hew,
Ist denn der Man ins Hewderley,
Ach Hewderley :,:
Ist denn der Man ins Hew.

Er faßt sie vmb den Gurtelband,
Vnndt schwang sie hinn vnndt her,
Der Man wol hinnd'r d' Hawßtur stand,
Fast zornig kamb herfur:
Ich bin noch nicht ins Hew!
Ich bin noch nicht ins Hewderley,
Ach Hewderley! :,:
Ich bin noch nicht ins Hew!

Ach trawter hertzallerlibster Man,
Vergib mir disen Feel.
Wil liben baß, vnndt hertzen dich,
Will kochen Muß vnndt Meel.
Ich dacht du werst ins Hew,
Ich dacht du werst ins Hewderley,
Ach Hewderley! :,:
Ich dacht du werst ins Hew.

Vnndt

Vnndt wenn ich gleich gefaren wer,
Jnns Hew vundt Haberstro,
So solt du nun vundt nimmermer,
Eyn'n andern liben so.
Der Tewfel far ins Hew,
Der Tewfel far ins Hewderley,
Ach Hewderley! :,:
Der Tewfel far ins Hew.

XIX.
Eyn new Lyd.
von
ey'm Meydleyn.

Ich weyß mir 'n Meydleyn hipsch vnndt feyn.
  Hut du dich!
Ich weyß mir 'n Meydleyn hipsch vnndt feyn
Es kan wol falsch vnndt frewndlich seyn
  Hut du dich! Hut du dich!
Vertraw jr nicht, sie narret dich.

Sie hat zwey Eugleyn di sind brawn,
	Hut du dich!
Sie hat zwey Eugleyn di sind brawn,
Sie werd'n dich vberzwerch anschauns.
	Hut du dich! Hut du dich!
Vertraw jr nicht, sie narret dich.

Sie hat eyn liecht goldfarbnes Haar,
	Hut du dich!
Sie hat eyn liecht goldfarbnes Haar,
Vnndt wz sie red't dz ist nicht war.
	Hut du dich! Hut du dich!
Vertraw jr nicht, sie narret dich.

Sie hat zwey prüstleyn, di sind weysz
	Hut du dich!
Sie hat zwey prüstleyn, di sind weysz,
Sie legt s' hervor nach allem Fleysz,
	Hut du dich! Hut du dich!
Vertraw jr nicht, sie narret dich.

Sie gibt d'r 'n Cräntzleyn feyn gemacht,
  Hut du dich!
Sie gibt dir 'n Cräntzleyn feyn gemacht,
Fur eynen Narr'n wirst du geacht!
Hut du dich! Hut du dich!
Vertraw jr nicht, sie narret dich.

Luſtyglych.

Wol uff jr Narr'n, zieet all' mit mir, zieet all' mit mir, wol hew'r in diſem Jare, in diſem Jare.

XX.
Eyn lustiges Lydleyn.

Wol uff ir Narr'n zye't all mit mir,
Zyet all mit mir,
Wol hew'r in disem Jare,
In disem Jare!

Bin ich eyn Narr, bins nit alleyn,
Achts sicher kleyn.
Wolt Gott, ich wer nur 'n Narre,
Nach meynem sinne.

Wolt Gott, ich wer 'n kleyn's Vögeleyn,
'n kleyn's Waldvögeleyn,
Gar lyblich, wolt 'ch mich schwingenn,
Der lyb'n zum Fenst'r eyn.

Wolt Gott ich wer 'n kleyn's Hechteleyn,
'n kleyn's Hechteleyn.
Gar lyblich wolt 'ch ir wischen *
Vnnder jren Tischen.

Wolt Gott ich wer 'n kleyn's Ketzeleyn,
'n kleyn's Ketzeleyn.
Gar lyblich wolt 'ch ir <u>mausen</u>,
Jnn jrem Hause.

Jnn jr'm Hauſ', ynn jr'm kämmerleyn,
'n jr'm kämmerleyn,
Da geschee vnſ,r beyder wille
Schweyg müterleyn stille.

* wischen od. schlupfen.

Wolt Gott ich wer 'n kleyn's Pferdeleyn,
'n artlich's Zelterleyn.
Gar zartlich wolt 'ch ir traben,
Zu jrem liben Knaben.

Wolt Gott ich wer 'n kleyn's Hundeleyn,
'n kleyn's Hundeleyn.
Gar trewlich wolt 'ch ir jagen,
Die Hirsch'n Hünleyn vnndt Hasen.

Das Lydleyn sey gesung'n, meym schön Bulen,
Meym schön Bul'n alleyn,
Wolt Gott, ich solt' jr. dynen alleyn.
Jr steter Dyner seyn.

Seer kleglich vnndt stönend.

Esz reyt eyn Herr vnndt auch fein Knecht, wol üb'r eyn Heyde die wz

schlecht, ja schlecht, vnndt al-les wz si-

red-teten da, wz all's von ey-ner

) 121 (

wun der schö nen Fraw en, ja

Fraw en.

♭ ʃ   XXI.

XXI.

Eyn kleglich
Mordgeschichte,
von ey'm Herrn, der wz tot.

Es reyt eyn Herr vnndt auch seyn Knecht,
Wol ub'r eyn Heyde die wz schlecht,
Ja schlecht!
Vnndt alles wz sie redten da,
War all's von eyner wunderschönen Frawen,
Ja frawen!

Ach schildknecht lyber schildknecht meyn,
Wz redst von meyner frawen?
Ja frawen!
Vnndt fürchtest nicht meyn' braunen Schilt,
Tzu Stucken wil ich dich hawen,
Vor meyn'n Augen.

Ewern braunen Schilt den furcht ich kleyn,
Der lyb' Got wird mich wol b'hůten,
Behůten!
Da schlug der Knecht feyn'n Herrn zu tot,
Dz geschae vmb Frewleyns Güte,
Ja Güte!

Nu wil ich heym geen landwerts eyn,
Zu eyner wunderschönen Frawen,
Ja frawen!
Ach frewleyn gibt mirs Potten Lon,
Ewer edler Herr vnndt der ist tot,
So fern uff breyter Heyde,
Ja Heyde!

Vnndt ist meyn edler Herre tot,
Darumb wil ich nicht weynen,
Ja weynen!
Den schönsten Bulen den ich hab,
Der sitzt bey mir daheyme,
Mut'r alleyne.

Nu

Nu sattel mir meyn grawes Rosz,
Ich wil von hynnen reyten,
Ja reyten!
Vnndt da sie uff di Heyden kam,
Di Lilgen teten sich neygen,
Uff breyt'r Heyden.

Uff band sie jm seyn blancken Helm,
Vnndt sae jm vnnder seyn Augen,
Ja Augen!
Nu musz esz Christ geklaget seyn:
Wie bist so s'er zuhawen,
Vnnder deyn' Augen.

Nu wil ich ynn eyn Kloster zyen,
Wil 'n lyben Got fur dich bitten,
Ja bitten!
Dz 'r dich ynns Himmelreych wol lan,
Dz geschee durch meyner willen,
Schweyg stillen!

Wer ist der unſz den Reyen ſang,
Mattias Jeger ist er genant,
Beym trunck hat erſz geſungen,
Geſungen!
Er ist ſeym Widerſach'r v'n Hertzen feyndt,
Zu im kann er nicht kummen,
Ja kummen.

XXII.
Eyn lustiges Liedleyn.
von
ey'm Meydleyn vnndt drey Rösleyn.

Jmm Ton: Es reyt eyn Herr vnndt auch seyn Knecht.

Es reyt eyn Herr, mit seym Knecht, an
Dem Morgen in dem Taw', Ade,
Ade!
Wz fand er uff der Heyde stan,
Eyn wunderschöne Jungkfrawe,
Ja frawe!

Got grusz euch Jungkfraw hipsch vnndt seyn
Got grusz euch ausz der masz'n, Ade,
Ade!
Wolt Got, ich solt hewt bey euch seyn,
An ewren ermleyn schlafen,
Ja schlafen!

An meynen ermleyn schlaft ir nicht,
Ihr bringt mir dann drey Rosenblůt',
Ade!
Die in dem Winter wachsen sind,
Vnnd steen in voller Blůte;
Ja Blůte!

Er schwang sich in den Sattel frey,
Dahinn so tet er trab'n, Ade!
Ade!
Da wo die roten Rösleyn steen
Umb Frewleyns Gunst zu haben,
Ja haben!

Der Rösleyn warn nicht mer dann drey,
Er brach si ann den Stil'n, Ade!
Ade!
Er schutt s' der Mayd in Geren frey,
Nach allem irem willen,
Ja willen!

Da

Da ſi di roten Röſleyn ſae
Gar frewndlich tet ſi lach'n, Ade,
Ade!
So ſagt mir edle Röſleyn rot,
Wz frewd könnt jr mir machen,
Ja machen!

Die frewd di wir euch machen könn,
Di wird ſich wol befind'n, Ade!
Ade!
Jezundt ſeyt jr eyn Meydleyn jung,
Bisz jar geet jr mit Kinden,
Ja Kinden!

Gee ich mit eynem Kindeleyn,
So musz esz Got erbarm'n, Ade,
Ade!
Hab ich doch nur eyn halbe Nacht,
Geſchlaf'n ann deynen Armen,
Ja Armen!

So klage nicht meyn Tochterleyn,
Vnndt weyne nicht so ser', Ade,
Ade!
Es ist geschenn manch'm jungkfrewleyn,
Kamb noch zu grosen Eren
Ja Eren!

Wer ist der vnns das Lydleyn sang,
Von newen hat gesung'n, Ade,
Ade!
Ds hat getan eyn Rewter gut,
Eyn Bergkgesell hat in vertrungen,
Ja v'rtrungen!

Er trinckt vil liber den lautern Weyn,
Denn Wasser ausz kulem Brunnen.
Ja Brunnen!

muſt ge‒ſchie‒den ſeyn.

XXIII.
Eyn kegliches Lyd.
von
ey'm Frewleyn vnndt ſeym Bulen

Ich ſtund an eynem Morgen,
Heymlich an eynem ort,
Da hett ich mich verporgen,
Ich hört kegliche wort,
Von eynem frewleyn hipſch vnndt feyn.
Das ſtund bey ſeynem bulen,
Eſz muſt geſchreden ſeyn.

Hertz lyeb ich hab vernummen,
Du woll'st von hinnen schyr,
Wenn wilt du wider kummen,
Dz solt du sagen mir.
So merck feynes lyeb wz ich dir sag,
Meyn Zukunft tust du fragen,
Ich weysz wed'r stund noch tag.

Dz frewleyn waynet seere,
Jr Hertz wz kumers voll,
Nun gib mir weysz' vnndt lere,
Wie ich mich halten soll;
Ich setz fur dich wz ich vermag,
Vnndt wilt du hie beleyben,
Ich verzer dich jar vnndt Tag.

Der Knab der sprach ausz mute,
Deyn willen ich wol spur,
So verzerten wir deyn gute,
Eyn jar werd bald hinfur,
Dennoch müst es gescheyden seyn,
Ich wil dich freundlich bitten,
Setz deynen willen dreyn.

Dz frewleyn dz ſchrey mordte,
Mordt uber alles leyd,
Mich krencken deyne Worte,
Hertz lyeb nicht von mir ſcheyd,
Fur dich ſo ſetz ich gut vnndt eer,
Vnndt ſolt ich mit dir zyehen,
Keyn weg wer mir zu fern.

Der knab der ſprach, mit züchten,
Meyn ſchatz, ob allem gut,
Ich wil dich frewndlich bittenn,
Schlag dirs auſz deinem mut,
Gedenck wol an die freunde deyn,
Die dir keyn arges gönnenn,
Vnndt teglich bey dir ſeyn.

Do keert er ſich hinumbe,
Er ſprach nicht mer zu jr.
Dz frewleyn das fiel vmbe,
In eynem winkel ſchier,
Vnnd waynet dz 's ſchier vergieng.
Dz hat eyn Schlemmer g'ſungen,
Wie eſz eym frewleyn gieng.

J 3

Erbermlich.

XIV.
Eyn kleglicher Reyen,
von
Susel vnndt Hansel

Imm kalten Winter zu singen.

Ach Susel, merck uff meyn Gehewl,
Vnndt uff meyn Zeeneklappen,
Der lybe Mond wirft hellen Scheyn
Uff deyne Fensterklappen,
Eroffne mir,
Dz ich bey dir,
Mit Frewden kann erwarmen,
Jnn deynen zarten Armen.

„Ach

„Ach ja, ich kumb o Hansel meyn,
„Vnndt offne dir dz Fenster.
„Doch fest ist dieses Fensters Schreyn,
„Als hyltens di Gespenster;
„Dz Eyſz ist hart
„Wie 'n Hellepart.
„Kann hier dich nicht erwarmen
„Jnn meynen zarten Armen.„

So komm denn 'raus meyn holdes Kind,
Vnndt eyl mit schnellen Schritten
Dz ich meyn' Frewde an die fynd,
Jnn meyner kleynen Hutten;
Komm fast mit mir,
Dz ich bey dir,
Mit Frewden kann erwarmen
Jnn deynen zarten A men.

„Wol denn, so laſz vnns eylig flieh'n,
„Durch diſe weiſze Hayde.
„Vnndt inn deyn kleynes Huttleyn zien,
„Tzu fynden groſze Frewde,
„Ich komm zu dir,
„Damit ich ſchier,
„Mit frewden mocht erwarmen,
„Jnn deynen heiſzen Armen. „

Iſt dir faſt kalt o Suſel meyn,
Vnndt fryeren dir di Fuſze?
Mir ſtarret fur Froſt all meyn Gebeyn,
Erfrorn ſind meyne Fuſze.
Doch hoff ich ſchier,
Dz bald an mir,
Mit frewden ſollſt erwarmen,
Jnn meynen heyſzen Armen.

„Ach

„Ach Hansel meyn, ich kann nicht fort,
„Ich bynn hyr tief ym Schnee.
„Nu kumpt gewiß der bittre tod,
„Ach, dz ich so vergeee,
„O! Wee mir!
„Dz nicht an dir,
„Mit Frewden sol erwarmen
„Jnn deynen heißen Armen!„

Ach Susel! ich binn gar erstarrt.
Ich kann dir nicht meer helfen.
Ach Susel! sprich doch nur eyn Wort!
Hinn ist ir zartes leben!
O wee mir!
Soll nicht mit jr,
Jnn jren Armen sterben!
Muß hir alleyn verderben!

frei'ch mir'n yunges Maydel, do ich

Frewd darob hab.

XXV.
Eyn steyrisch Lyd,
von alten Weybern.

———

'S is nichts mit den alten Weybern,
Bin fro dz ich keyne hab,
Libr frey 'ch mir 'n junges Maydel.
Do ich frewd darob hab.

Miff! Muff! geets ym Hause,
Den gantzen tag herum,
Junge Maydel geen halt grade
Alte Weyber geen krumm.

Wer so 'nen alten Schimmel
Jnn seynem Stalle hat,
Frißt sich ab sein libes Leben,
Vnndt kommt fru ins Grab.

Drum libe Jungkgesellen,
Freyt ja keyn' Alte nicht,
Denn jr mußt s' seyn behalten,
Biß der tod jr's Hertze bricht.

XXVI.
Eyn schweyzerisch Wyegen-Lyd.

Es kam eyn Herr zum Schlöszli,
Auf eynem schonen Röszli,
Da lugt* die Fraw zum Fenster ufz
Vnndt sayt, der Mann ist nit bey Huß.

'S ist niman d'haym als d'Kinder,
Vnndt 's Maidli uff der Winden.
Der Herr auf seynem Röszli,
Sayt zu der Frau im Schlöszli:

Sinds gute Kind, sinds böse Kind?
Ach, libe Fraw, ach sagt mirs g'schwind,
Di Fraw die sayt, 's sind böse Kind,
Sie folg'n der Muter gar nit g'schwind.

Da sayt der Herr, so reut ich heym,
Dergleichen Kinder brauch ich keyn,
Vnndt reut auf seynem Röszli
Weyt, weyt entweg vom Schlöszli.

---

* lugt d. i. guckt   K

XXVII.
Eyn Schweyzerisch Lyd,
von jungen Weybern.

Alß ich eyn junger Gselle war
Nam ich eyn steynalts Weyb,
Ich hett sie kaum drey Tage,
Hetts mich schon widerumb g'reut.

Als ich nu uff den Kirchhof kam,
Bat ich den liben Tod.
Ach liber Tod von Basel
Hol mir meyn' alte fort.

Alſz ich wider nach Hauſe kam,
Fand ich meyn Alte tod.
Ich ſpannte Roſz vnndt Wagen,
Vnndt fur meyn' Alte fort.

Alſz ich uff den Kirchhof kam,
Das Grab war ſchon gemacht.
Jr Treger gett feyn ſachte,
Dz d' A'te nit erwacht.

Scharrt zu, ſcharrt zu, ſcharrt immer zu.
Dz alte boſe Weyb,
Si hat jr lebetage
Geplagt meyn' jungen Leyb.

Alſz ich wider nach Hauſe kam,
All Winckel warn mir zu weyt,
Ich wartet kaum drey Tage
Nam ich eyn junges Weyb.

Dz junge Weybel dz ich nam,
Dz ſchlug mich alle Tag,
Ach lieber Tod von Baſel,
Heit ich meyn Alte noch!

) 151 (

Kranntz von Blum, leyn glantz, defz er,

frewt ich mych gar seer.

XXVIII.
Eyn Reyen,
von
eyner Jungkfraw.

Di Faßnacht bryngt vnns Frewden zwar
Vilmer, denn sonst eyn gantzes halbes Jar.
Ich macht mich uff, vnndt tet spacirenn geen,
An eynen Dantz,
Mir ward eyn Krantz,
Von Blumleyn glantz *
Des erfrewt ich mich gar seer

Ich

* glentzend.

Ich bot der Jungkfraw meynen Grusz,
Gantz frewndlich trat sie mich uff meynen Fusz,
Sie sprach: Gut G'sell, wenn ich dirß sagen solt':
Wenn du nur wolt'st,
Ich wer dir hold.
Keyn Silber vnndt Gold,
Ist meyner lieb' eyn Sold.

Hint'r meyn's Vaters Hof steet eyn' tur,
Da ist wed'r Schlosz noch Rigel dafur,
Da gee hyneyn, dz man d'ch nicht see noch spur',
Si ist geschmirt,
Dz si nicht klirrt,
Keyn Mensch dich nicht irrt,
Trit frolich hyneyn zu mir.

Des Nachts hob sich eyn Wetter grosz,
Dz uber Berg vnndt tiffe Thal herflosz.
Desselben Weg's mich nie keynmal verdrosz.
Ich stal mich auß,
Sill' wi eyn' Mausz,
Vnndt kam ins Haus,
Vnndt lebt' im Sauſ
Mit der Liben die gantze Nacht.

Da lagen die zwey, di libe lange nacht.
Bisz dz der helle Tag anbrach.
Si sprach, stee uff, es musz geschieden seyn,
Des Tages scheyn,
Dryngt hell hereyn,
Vnndt brinngt vnns Peyn,
Dz ich nimmer Rue hab'

Der Knab' nam Vrlaub von der Meyd'
Sie sprach: Gott b'hut dich vor allen leyd.
Sie sprach: far hin biß * frisch vnndt unverzagt,
Kem'st wider schir,
Wer meyn begyr,
Meyns Hertzens Zyr,
Bleyb wider eyn Nacht bey mir.

* biß d. i. sey

XIX.

XXIX.
Eyn Schlottfeger Lyd.

'S Morgers wenn ich fru uffstee,
Vnndt den Schorsteyn fegenn gee,
Klopf ich leyse ann di Tur,
Schone Jungkfraw kommpt herfur·

„He! He! He! wer klopfet ann,
„Der mich s' leisz uffwecken kann?„
Ich stee hie ynn aller stil,
Der den Schorsteyn fegen wil.

„Wartt

„Wartt' eyn bifzel junger G'fell,
„Dz ich brynge den Schlufzel
„Vnndt euch fperr die Haußtur uff,
„Dz jr kommt zu mir herauf.

Jungfraw ich noch eyns beger,
Langt mir Licht vnndt Befen her,
Nicht zu grofz vnndt nicht zu kleyn,
Dz er geet zum Schorfteyn eyn.

„Junger G'felle horet ann,
„Wz ich euch wil fagen ann;
„Sey der Schorfteyn grofz od'r kleyn,
„Siet felbft wi jr kommt hineyn.

Aufz

Auſz dem Buben wird eyn Mann,
Der den Schorſteyn fegen kann.
Nimbt keyn Keerlon, fegt zur frewd,
Alle Schornſteyn' weyt vnndt breyt.

XXIX.

XXX.
Eyn new Lyd von Magdalena.

Wer ich eyn wilder Falck,
Ich wolt' mich schwingen aufz,
Vnnd wolt mich niderlaszen,
Fur eyn's reych'n Burgers Hausz.

Da ist eyn Meydleyn in Zuchten,
Magdalena ist ſi genannt,
So hab' ich all meyn Lebtag nicht,
Eyn schoners brauns Meydleyn erkannt.

An ey'm Montag es geschae,
An ey'm Montage seer frue,
Da ſa' man d' schon' Magdalena,
Zur kleyn' Seytentur ausgeen.

Si konnt' nicht lenger harren
Magdalena wo wilt du hynn?
In meynes Vaters Gartenn,
Da 'ch Nechten * gewesen binn.

Da si nu inn den Garten kame,
Wol vnnder die Linden lief,
Da lag eyn freyer Bergkg'sell
Darvnnder g'streckt vnndt schlief.

Woluff meyn Bergkmann g'schwinde,
Denn es ist an der Zeyt,
Ich her' die Schlussleyn klyngenn,
Meyn Muter ist nicht weyt.

Horstu di Schlusseleyn klingenn,
Vnndt ist deyn Muter nicht weyt,
So zeuch mit mir von hynnen,
Wol vber die Heyden breyt.

Er

---

* Nechten d. i. gestern Abends oder vergangene Nacht.

Er nam ſie gar behende,
Bey jrer ſchneeweyſzen Hand,
Er furt ſ" eyn langes Ende,
Bis er eyn' Herberg fand.

Da lagen die zwey ynn Frewden,
Bis uff dritt'halbe Stund.
Ker' d'ch rum ſchone Magdalena,
Beut mir deyn' roten Mund.

Du ſagſt mir vil von Eeren,
Sagſt mir von keyner Ee'
Vnndt wer es nicht geſcheen,
Eſz geſchee doch nymmermee.

XXXI.
Eyn hipsch Muller-Lyd.

Gut'n Ab'nd! gut'n Ab'nd! Fraw Mullerinn,
 Huhu!
Wo setz ich meynen Hab'rsack hynn?
  Vallery! Vallera! Vallerav, rav, rav
  Vallery! Vallra! Valleru!

Dort hynd'n an meyne hynd'rste Trepp,
 Huhu!
Zunechst an meyner Tochter Bett.
  Vallery! Vallera! Vallerav, rav, rav!
  Vallery! Vallera! Valleru!

Vnndt

Vnndt alſz eſz kam um Mitternacht,
  Huhu!
Der Haberſack ſich luſtig macht.
    Vallery! Vallera! Vallerav, rav, rav!
      Vallery! Vallera! Valleru!

Ach Mut'r! Ach Mut'r! hir iſt eyn Dib.
  Huhu!
'R ſtilt mir meyn' Eere, ſ' iſt mir lib.
    Vallery, Vallera! Vallerav, rav, rav,
      Vallery! Vallera! Valleru!

Lygk ſtil! Was ſtorſt deyn' Mut'r ym Schlaf.
  Huhu!
Lygk ſtil! Wer wird d'ch denn freſſ'n, du Schaaf?
    Vallery! Vallera! Vallerav, rav, rav!
      Vallery! Vallera! Valleru!

Ach Mut'r! der Sack krigt Hend vnndt Fuſz.
  Huhu!
Er kutz'lt vnndt druckt vnndt kuſzt m'ch ſo ſuſz.
    Vallery! Vallera! Vallerav, rav, rav,
      Vallery! Vallera! Valleru!

Ach

Ach Mut'r! Nun'bleybt nur, nu ists zu spat.
Huhu!
Das Herz, wi d' Mule vor Frewd'n mir gert,
Vallery! Vallera! Vallerav, rav, rav,
Vallery! Vallera! Valleru!

Vundt alß eß kam um drey Virt'l Jar,
Huhu!
Da ward man 's Hab'rsacks Schelmstuck g'war,
Vallery! Vallera! Vallerav, rav, rav,
Vallery! Vallera! Valleru!

) 169 (

XXXII.
Eyn hipſch Scherenſchleyfer-Lyd.

'S kam eyn junger Schleyfer her,
Schliff di Meßer vnndt di Scheer,
  Hatt's gern getan,
  Tuts noch eynmal,
  W3 geets dich denn ann,
  Dych geets gar nichts ann,
  W3 fragſt denn du darnach?
  W3 haſt denn du darvon?

'r Schleyfer iſt von Dunckelſpil,
Schleyft gar gut, vnndt ſchnydt nicht vil.
  Hatt's gern getan,
  Tuts noch eynmal,
  W3 geets dich denn ann,
  Dych geets gar nichts ann,
  W3 fragſt denn du darnach?
  W3 haſt denn du darvon?

         Schneyf

Schneydens er zwar nicht bedarff,
Schleyst doch Meßer gut vnndt scharf.
    Hatt's gern getan,
    Tuts noch eynmal,
    Wz geets dich denn ann,
    Dych ge ts gar nichts ann,
    Wz fragst denn du darnach?
    Wz hast denn du darvon?

Stumpfer Peter nimb deyn war,
's Schleyfers Meißer schneydt uff'n Haar.
    Hatts gern gtan,
    Tuts noch eynmal,
    Wz geets dich denn ann,
    Dych geets gar nichts ann,
    Wz fragst denn du darnach?
    Wz hast denn du darvon?

Seet den Gympel meynt er nit,
'n wacker Schleyfer tet keyn Schnitt.
    Hatt's gern getan,
    Tuts noch eynmal,
    Wz geets dich denn ann,
    Dych geets gar nichts ann,
    Wz fragst denn du darnach?
    Wz hast denn du darvon?

'r Schleyfer ist von Dunckelspil,
Schneydt gar gut, vnndt schleyst gar vil.
    Hatts gern getan,
    Tuts noch eynmal,
    Wz geets dich denn ann,
    Dych geets gar nichts ann,
    Wz fragst denn du darnach?
    Wz hast denn du darvon?

Peter ist von Duſſeldorff,
Schleyſt faſt ſtumpf vnndt ſchneydt nit ſcharff.
    Hatt's gern getan,
    Tuts noch eynmal,
    Wz geets dich denn ann,
    Dych geets gar nichts ann,
    Wz fragſt denn du darnach?
    Wz haſt denn du darvon?

's der Schleyfer 'n wacker Mann,
Stumpf'n Peter, 'r doch nit ſchleyſen kann.
    Hatt's gern getan,
    Tuts noch eynmal,
    Wz geets dich denn ann,
    Dych geets gar nichts ann,
    Wz fragſt denn du darnach?
    Wz haſt denn du darvon?

Eyn
alphabetisch Tefleyn,
der Volcks Lyder.

	Seyte.
Ach Susel merck uff meyn Gehewl.	136
Als ich eyn junger G'selle war	147
Di Faßnacht bryngt vnns Frewden zwar	152
Dz Meydleyn will eyn'n Freyer han,	103
Eß bliß eyn Jeger wol ynn seyn Horn	65
Eß hett eyn Pawr eyn junges Weyb	108
Eß kam eyn Herr zum Schlößlt	145
Eß reyt eyn Herr vnndt auch seyn Knecht	122
E3 reyt eyn Herr mit sey'm Knecht, an	126

Eß

Eſz rytt eyn Jeger wolgemut	49
Eſz rytten drey Rewter zum Tore hinaufz	74
Eſz ſpylt eyn Grav mit eyner Meyd.	39
Eſz war eynmal eyn Schumacher-Geſel	34
Eſz wollt' eyn Jeger jagen,	77
Eyn Sew-Hirt der hut bey dem Korn	57
Furwitz der Cramer, hat v.l Waar'	93
Gott grüſz 'ch wol ynn der Stube!	53
Guten Morgen libes Lyſerl ach lay	81
Gut'n Abend, gut'n Abend Fraw Müllerinn	165
Ich ſtund an eynem Morgen.	131
Ich weyſz mir 'n Meydleyn hipſch vnndt feyn	113
Jungkfrewleyn ſoll ich myt euch geen	69
Sagt myr o ſ.benſte Sch frynn meyn	45
'S het eyn Pawr eyn ſchones Weyb,	59
'S kam eyn junger Schler her	170
'S is nichts myt den alten Weybern	142

'S

'S Morgens wenn ich fru uffstee . . . 157
Tzum Sterben binn ij 89
Vundt alß ij 'nmal war gekomma 85
Wer ich eyn wilder Falcke 161
Wollust in dem Meyen 59
Wol uff jr Narr'n zyet all' mit mir 117

Druckfehler.

S. 72. Ann der zweyten Linie im ersten Tackte, anstat F, F. ließ, a, a.

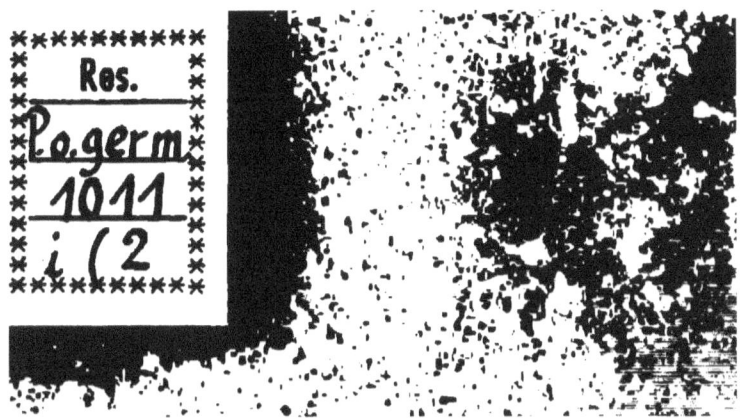

Eyn

feyner kleyner

ALMANACH

vol schönerr echterr

ljblicherr Volcksljder, lustigerr Reyen vnndt kleglicherr Mordgeschichten, gesungenn von Gabryel Wunderlich weyl. Benkelsengernn zu Dessaw, herauszgegebenn von Danyel Seuberlich, Schusternn zu Ritzmück ann der Elbe.

Zweyter Jargang.

Mit Königl. Preuß. und Churf. Brandenb. allergn. Freyheiten.

Berlynn vnndt Stettynn, verlegts Friedrich Nicolai 1778.

Gunstiger lieber Leser, Hast dir wol
lassen belybenn, den ersten Jargang ech=
ter unnd lyblycher Volckslyder, aus
Meyster Gabryel Wunderlichs sel. Munde uff=
geschrybenn, dessen solstu frewndlichen Danck
habenn, beneben fleysiger Bytt, mogest dyr
disen zweyten Jargang auch lassenn gefallenn,
den ich, dyr unnd erbern Gewercken tzum be=
sten, hiemyt aufzgeben tue.   Hette mich tzwar
          A 2   nicht

nicht verſeen, dz auch gelarte vnndt furnembe
Leutt ſolcher einfeltigen Volckslyder ſunderliche
Warnemung ſolten tun; ſyntemalen Brod nicht
iſt fur den furnemben Gaum, ob eſz wol den
gemeinen Mann neret. Auch wenn eſz hart,
vnndt derb tzuſamm gekneter wer, kann eſz der
Magen deſz der arbeitet, gnug verdauen. Ob
eſz auch underweilen wz ſchimmlich wer,
verſchmeet eſz doch der Hunger mit nichten;
aber der Muſziggenger Schleckermaul geynet
wz jren feynen Gaumen kitzelt, ſey eſz narhaft
oder nicht.

Alſz denn nun der Joylus vnndt der Momus
ſeyn Werck treyben wil, hats denn auch ſo ſeyn ſol-
lenn, ob weren alle Lyder, di Meyſter Gabriel
M. geſungenn; nicht gut ſatt, ſoltenn alle wacker
feyn

feyn vnndt nydlich seyn, one Spot vnndt one Tadel. Eſs ſynd aber ſolliche Lyder furs Volck gemacht, vnndt ſynd deme gut ſatt. Wollt ir lyben gelarten Leutt ſolliche Volcklyder auch leſenn, vnndt euth drob frewenn, ſey eſs euch traun wol gegonnet. Merckt aber eben, ir lyben Leutt, wennſs euch notig iſt zu wiſzenn, wz dem gemeinen Mann lybet, muſzt irs alles recht vernemenn, wie eſs iſt, duncke eſs euch gelarten Leutten gut oder ungut. Möcht euch darob noch, ir lyben gelarten Herren, wol in ewre Oren rawnen, dz Volckslyder ymmer Schwange ſynd, vil wj der Sand ynn den Marcken Brandenburgk, vnndt mechtiglych ſchlechter alſz ſollicher Sand, der doch Frucht treget; deren aber tut Mſtr. Gabryel Wunderlych keyno ſyngenn. Denn ob er nur eyn einfeltiger

Schu-

Schuster, vnndt eyn armer berumirender Geyst, ist er doch verstendig basz, alsz Meyster Danyel Wunderlych, der Leynweber Hochgelart, der meynett, ob solte man alles syngenn vnndt uffbewarenn, wz Hecheltreger vnndt Tyroler vnndt sonsten unzunftige Landleuffer her außschreyenn, vnndt solle suchenn Zauber vnndt Gebeymnisz, wo nychtesz yst, alsz leerer Schatten vnndt Wynd.

Esz könnet euch, libe gelarte Herrn, vnnser eyner eben eyn Gauckelspyl vormachenn, so gut alsz eyn ander, suchenn tzusammen zeen feyne wolgesetzte Lyderleyn, ausz tausenden di fast schlecht synd, schreyen denn laut: Schaut auff jr gelarte Poeten, dz Volck synge Lyder, beszer alsz der Homerusz vnndt der Oßianusz vnndt der
Arios=

) VII (

Ariostuſz, vnndt wer nicht ſyngt wy dz Volck, der iſt verdammt! Eſz wer aber eytel Narretey, ſyntemalen dz Volck gut vnndt ſchlecht ſyngt, nicht mynder, alſz alle gelarte Poeten.

Eſz tut mych ſeer frewen, eyns wandernden Geſellen, myt 'm Rentzel uffm Rücken, der eyn Lyd ſynget, nach alter echter Weyſe, dz jm kurze den Weg vnndt ſtercke dj müden Füſze. Solliche wackere Geſellen verachte ych mit nichten, wil jn der Lyder mer mitteilen, dj jn not tun. Hyr ſynd der echten alten Volckslyder vyl, myt jren echten alten Weyſen, alſz ſie fromme Handwerckspurſchen, Bergleutt vnndt Benckelſenger ſyngen tun. Seyn ſy gut oder ſchlecht, genug ſy ſynd echt. Wolt jr nun eben, jr liben gelarten Leutt, ewer gelarte

a 4   Lyder

Lyder laßenu, vnndt solliche Volckslyder annemenn, oder könnt jhr sonst wz darausz lernenn, kann mir traun! alles wol recht seyn. Nur macht keyn almodisch Zwitter-Gemengsel vnndt Gestümpel, desz noch Handwerckspurschen noch gelarte Manne sych mögenn frewen, syntemal esz noch Volckslyd noch gelarte Poeterey ist.

Da gybts aber, libe gelarte Herren, vnnder euch sichere Genyes, Geuche, Gecken vnndt ander müsziges Gesindel, vol Dunckelsz vnndt Obermutsz, wolten schier wz newes vnndt sonderliches auszfynden, mochten eben dj Christenheyt leren, alle Narren weren klug, vnndt alle Kluge Leute weren Narren, mochten furnemben Leutten weysz machen, der Teufel wer eyn
Eich-

) IX (

Eichhörnchen, vnndt nur gemeyne schlechte Leutt hetten den rechten Verstand und dj rechte Poeterey. Solches Genyevolcks wegen, ists gar loblych, dz echte vnndt ware Vockfslyder ynn dj Welt kommen, gut vnndt schlecht vnn=dereinander, alß sy der Hrr tzum Tore mag herauſztreibenn, dz dj Welt eynmal möge seenn, der Teufel sey keyn Eychhörnchen, vnndt kluge Leut seyn keyne Narren.

Item, solliche Geuche verstendig machen tzu wollen, ist keyn Rat. Wz hilfts ob der Aff ynn Spiegel see; er bleybt eyn Aff. Mochte noch ych, noch der Schlex von Dunckelspyel *

a 5   solliche

---

* Besiee den ersten Jargang fol. 168.

folliche stumpfe Peter, scharf, ja nur eben glatt schleyfenn könnenn. Tun aber auch solliche Splytterlinge teutzscher Nation keynen sunderlichen Schaden. Denn obwol sy, wenn sy ire Lydermerckt vnnd Freßfasten halteun, sych eynander fleyssigst preysenn, Vernunft vnndt löblyche Ordnung schmeenn, vnndt traumenn, ir tollkuner Laßdunckel muge dj Welt regyrenn; so geet doch dz lyben Gottes Welt iren gewiesenen Wegk, vnndt merckt teutzsche Nation schyer kaum, ob solcher Gecken eyn Dutzend synd jung wordenn.

Esz synd solliche Genyes, Geuche vnndt Gecken, vnnbendigen Rossen gleych, die wyeernn spryngenn vnndt hynden auszschlagenn, inen selber zu schlechtem Vergnugen, keynem Menschen

schen tzu frommen. Solchess geylen Sprynꝛ
genſz vnndt Auſzſchlagenſz halber, tun ſy ſych
hoch erhebenn, gleych ob weren ſy eſz alleyn dj
Tatkraft hettenn, vnndt andere Pferde nicht, dj
ſittiglych jren Mann tragenn, oder den Waꝛ
gen vol Haberſz zyeen, deſten ſolliche Kollerꝛ
hengſte auch faſt ſeer dürfenn, jren Wanſt tzu
füllenn; tun geſunde ſchlichte Vernunft nicht
achtenn, ſondern wutenden Dunckel, womit ſj
mochten dj Welt vmbkeeren, ob eſz nur gynge,
dz jnen dz Regiment alleyn blyebe.

Iſt traun! Vernunft gleych eynem Bechꝛ
leyn klar vnndt kul. Drynn laufenn vnbendige
Fullen, tryncken alſz jnen lybet, weltzenn ſich
denn obertucks, vnndt ſtampfenn myt 'm Hufe
Schlamm vnndt Kot herfur, dz reyne Stromꝛ
leyn

leyn tzu trubenn, dz nach jnen nymand möge trintz
ckenn. Esz hat aber dz edle Bechleyn der Ver=
nunft, ob esz nur gemachlych flieszett, vnndt
nicht, sam eym vngestümen Waldwasser, daher
brawsett, dennoch ynn sych Kraft satt, allen
Kot vnndt Schlamm, den solliche vndanckbare
Strampfgeule erregenn, endelych herab tzu
schwemmenn, vnndt ist wjder klar vnndt kul,
allen oj deßen reynen Truncks durfenn, vnnde
jn schmecken konnenn. Wirdt darob wol Ver=
nunft in der Welt dz Regiment behaltenn,
menschlichem Geschlechtt tzu frommen, obschon
solliche jemmerliche Geuche Meynenn, jr Eyn=
byldung vnndt telpisches Schwermen muge
dy Welt uff eyne andere Stelle kerenn, deßen
nychts seyn wird, vnndt acht ych, esz werde
jedesz Dyng bleybenn ynn seyner Art, vnndt da=
myt

) XIII (

myt auch Volcklyder ymmer Lyder fürs Volck, vnndt gelarte Poeterey eyne Poeterey für gelarte Leutt, biß der jüngste Tag kommt.

Hab euch, lybe gelarte Herren, meyne einfeltige Meynung nydt bergenn wollenn, schonst vor Jare myr eyner zugerufen hett: Schuster bleyb bey deynem Leysten! Der Tropff wer eyn Leynweber, kennet meyn Art nydt, syntemalen ych meyn Schue, nycht uff eym Leysten, sondern nach alter teutzscher Art, uffm ersten Schnytt machenn tue, alß schon ym ersten Jargange fol. 7 erklert ist. Wil aber solch Leynwebervolck freylych dz Wörtleyn alleyn haben, dz nymand müge störenn jr newe Klugeley vnndt Theorey, alß weren Handwercksleyder eyn Muster für fürnembe Biderleutt;

ver=

verachtenn drob erbere Schuster, dj nyemand verachtenn, treten basz uff jre Schemel, mit jrer hochgerumten Tatkraft, deren doch ynn jren Spyllenbeynen wenyg gnug yst, vnndt webenn jr Hyrngespynst, desien yst Torheit der Zettel, vnndt Dunckel der Eynschlag.

Fürs Ende solstu merckenn, dz auch gelarte Leutt nycht allemal alles wiszenn. Meynt' wol eyner, Mstr. Gabryels Lioder weren nicht alles alte echte Volcksgesenge, sondern newe studyrte Lioder, deszen eyn Beyspyl sol seyn, dz Lyd von Furwitz dem Cramer fol. 93 ym ersten Jargang, so doch solch Lyd mer denn zweyhundert vnndt dreyßig Jare alt yst, welcher Zeyt, Geuche vnndt Gecken waren, wie yetzunder. Solte meynenn, wz Meyster Gabryels Geyst,

seyt

) XV (

seyt Anno Dom. 1619 vor vylen erbern Leutten, fyngen tet, mußze wol alt seyn, vnndt nicht new. Wiltu aber dem Geyste nycht trawen, obschon es; eyn erlychter Geyst ist, so traw eym gedruckten Büchleyn, syntemal der gunstige Leser sol wißzen, dz Mstr. Gabryel eyn großzen Teyl seyner Lyder erlernt hett, auß eym Buchleyn, getruckt Anno Dom. 1547, ynn des Heil. Röm. Reychs Stadt Nürnberg, bey Hanns Daubmann, in drey Teylen, kleynen Drucks, benannt: Eßliche schöne Bergk-Reyen ufß new zusammengebracht, mpt außerlesenen Lydern, dj kennen erbere Gewerke fast wol, mag si der newgyrige gelarte Leser nur suchenn, werdenn ynn stattlychen Lybereyen wol zu fyndenn seyn. Newmodische Lapperey vnndt Gestumpel lybt myr Endesbenannten nycht. Weren der Lyder

b   nycht

) XVI (

nycht gnug, vndt were Not je wider eyn Jar=
gang vcl Volckslyder anfzgeen tzu laſzen, ſol=
len eſz echte altteutſche Reyen ſeyn, alſz vnſere
lįben Voreltern bettenn, der Art diſe Lyder
vnndt Reyen auch ſyndt, vnndt ſage ych dar=
ob nochmalſz: Deſz magk der Neydhart oj Jeene
fletzſchenn, kammert mych nycht.

Mſtr. Danvel Seuberlich.
Schuſter zu R'zmůck ann der Elbe.

I.

I.

Eyn feyn Jegerlied.

Im Ton: Es ritten drei Reuter zum Tor hinaus.

Ich hör eyne wunderliche Stym:
Guckug!
Von ferrn yns Echo ich vernymm;
Guckug!
Wie oft ich diese Stym anhör
Macht myrs almal noch frewde mer:
Guckug! Guckug! Guckug!

Den Vogel musz ych treffen ann,
Guckug!
Weyl er so lyblych syngen kan,
Guckug!
Solt ych denn Wald uff aller Seyt,
Vnnde auch dj Büsche awelawsenn hewt,
Guckug! Guckug! Guckug!

Wz schaw ych dort ynn grünem Grasz?
Guckug!
Ist esz eyn Fwchs oder ists eyn Hasz?
Guckug!
Ich weysz nicht sol ych schieszen dreyn,
Oder sol ychs noch laszen seyn?
Guckug! Guckug! Guckug!

Ich bynn zwar eyn gut Jegersmann,
Guckug!
Vnndt trawe mych doch nicht heran,
Guckug!
So eyn gar junges schönes Thir
Hab ych noch nicht getroffen hir.
Guckug! Guckug! Guckug!

Weyl

Weyl nun dz Schiſzen Jegers G'brauch,
Guckug! –
So wyll ych endlich ſchleſzen awch,
Guckug!
Myn Büchſen dj ſind ſchon geladt,
Dz eſz dyr nicht am Leben ſchad't.
Guckug! Guckug! Guckug!

Nun ligſt du Vogel getroffenn hir,
Guckug!
Komm immer fort ynn meyn Revyr,
Guckug!
So oft ich dych ym Waldt erblick,
So ſchieſz ich dich durch dünn vnndt dyck.
Guckug! Guckug! Guckug!

Der Vogel hat mych recht erfrewt,
Guckug!
Vmbs Pulver iſts myrs gar nicht leyd,
Guckug!
Wen ich jn nur vermercken tue,
So ſchrey ich jn den Namen zu.
Guckug! Guckug! Guckug!

A 2

ich ſie meyn.

II.
Eyn Libes-Reyen.

Lieblich hat ſich geſellet,
Meyn Hertz in kurtzer Friſt,
Zu eyn'r di myr gefellet,
Gott weiſz wol wer ſie iſt,
Sie liebet mych gantz ynnyglich,
Die Allerliebſte meyn,
Mit Trewen ich ſie meyn.

Wol für des Mayens Blüte,
Hab ich myr ſie außerkorn,
Sie erfrewt myr mein Gemuthe,
Meinen D'nſt hab ich jr geſchworn,
Den wil ich halten ſtetigklich;
Seyn jr gantz vnterthan.
Dieweyl ich das Leben han.

Ich gleich ſie eynen Engel,
D' Hertzallerliebſte meynn
Jr Härlern krauſz alſz e'n Sprengel
Jr Mündleyn rot alſz e'n Rubcynn,
Zwei blancken Ermeleyn, di ſind weiſz
Dartzu eyn roter Mund,
Der lachet zu aller Stvndt.

Myr

Mit Venus Pfeylen dyrchschoszenn,
Dz junge Hertze meynn,
Schönes Lieb hob keyn verdrieszenn,
Setz deinen Willen dareyn.
Gesegnn dich Gott meyn schönes Lieb,
Ich sol vndt musz von djr,
Du gesichst mych wider schier.

) 8 (

Gar lyblichen zu syngen.

(Wach uff meyns Hertzens Schöne, zart
Ich hör eyn süß Getöne, von'n

al ler liebste meyn)
Kleinen Waltvögeleyn,   dj

hör ich so lyblich syngen, ich

meynt es woll des Tagesschein, vom

O-ri-ent her drin-gen.

III.
Eyn troſtlych Lyebeslyd.

Wach uff meyns Hertzens Schöne,
Zart Allerliebſte meynn,
Jch hör eyn ſüſz Getöne,
Von kleynen Waldt-Vögeleyn,
Die hör ich ſo lyblych ſyngen
Jch meynt es woll des Tagesſchein,
Vom Orient her dringen.

Ich hör die Hanen kreen,
Vnndt spur den Tag darbey.
Di kulen Windleyn ween,
Die Sternleyn leuchten frei,
Singt vns Fraw Nachtigale,
Singt vns eyn süsse Melodei,
Sie nent den Tag mit Schalle.

Der Hymel tut sich ferbenn
Auſz weysser Farb in blaw
Die Wolcken tun sich ferbenn
Auſz schwarzer Farb yun graw.
Di Morgenrot tut entweichen,
Wach uff meyn Lieb, vnndt mach mych frey,
Der Tag will vnſz verschleychen.

Ich

Ich solt dyr 'n poten sendenn
Der myr dj potschaft wurb.
Ich furcht er tue sich wendenn
Dz vnser Lieb verdurb.
Schick dich zu mir alleyne
Fein's Lieb bisz vnverzagt alhie.
Zun Trewen ich djch meyne.

So darf ich nyemand vertrawenn,
Hertzlieb ynn disem Sal,
Die Klaffer machen vnns eyn Grawenn,
Der ist eine grosse Zal.
Wann vnsre Lib ich sol meyden,
Der Klaffer fiudt man vberal
Noch wil ich mych nycht scheyden,

Du

Du haſt meyn Hertz vmbfangenn,
Mit trewer ynnprünſtiger Lyb.
Ich binn ſo oft gegangenn
Feynes Lieb nach deyner Zyt
Ob jch dich möcht erſeen
So würd' erfrewet dz Hertz ynn mir
Die Warheyt mnſz ich g'ſteen.

Mein Hertz dz leydet Schmertzenn,
Dartzu vil kleglicher Peyn,
Wo zwey Hertzlib tun ſchertzenn,
Dj on eynander nicht mügen ſeyn.
Keyns tuts dem andern verſagenn,
So würd erfrewt dz Hertz ynn mir,
Die Warheit muß jch ſagenn.

Selig iſt der Tag vnndt Stvnde,
Darin du byſt geporn.
Gott grüſz myr deyn roten Munde,
Den ich myr hab auſzerkorn,
Kan myr kein libere nie werden,
Feins Lib, ſchaw dz meyn Lib nicht ſey verlorrnn,
Du biſt meyn Troſt uff Erden.

Lustig, alß ynn trunckném Mute.

(Nur ner-risch sein ist meyn Ma-
So trinck ich frew-undt jr myt
nir, nichts z'b'halten ich be-ge-re
myr, der Narren sind man me-re,
Weyn ist meyns Fewd, vnn di-ser
Weyn gibt mir Mut vnndt fri-sches
Zeyt zum Weyn binn ich ge-schaffen)
Blut, Weyn macht mych lu-stig schlaffen.)

voll z' seyn kinn ich ge-schaffen.

IV.
Eyn Trincklied.

Nur nerrisch seyn ist meyn Manir,
Nichts z' b'halten ich begere.
So trinck ich frei, trinckt jr mit myr,
Der Narren sind't man niere.
Weyn ist meyn Frewd,
In diser Zeyt,

Zum

Zum Weyn byn ich geschaffen,
Weyn gibt mir Mut,
Vnndt frisches Blut,
Weyn macht mych lustig schlafen,
Voll z' seyn byn ich geschaffen.

Stets ewig bleibst ynn deinem Preysz,
Du edler Safft der Reben!
Der ist ein Tor, vnndt nymmer weis'
Der dyrs Lob nicht wist geben.
Wer bulen will,
Musz leiden vil,
Vnndt oft die Nacht durch frieren.
Wer' nicht für mich!
Vil lib'r wil ich,
Dem guten Weyn hofiren.
Da werd ich nicht erfriren.

Myr

Myr ligt nicht dran, ge alſz eſz woll,
Tut myr der Weyn nur ſchmecken.
Sonſt weiſz ich jetzt kein Ungefell
Dz mych hart mog' erſchrecken.
Denn iſt myr wol,
Wenn ich bin vol,
Dz libet * myr von Hertzen,
Bulſchafft vnndt Spil
Ich meiden will,
Di bringen offt groſz Schmertzen,
Voll ſeyn libt myr von Hertzen!

---

* Libet, d. i. beliber.

)19(

an tu' bli ‒ cken; sie leuch‒tet

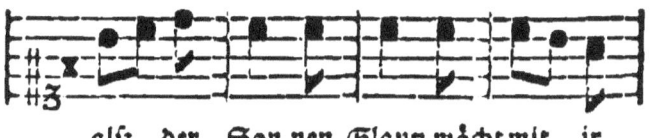
alſz der Son‒nen Glantz möcht mit jr

dan‒tzen ei‒nen Dantz meyn Hertz mit

jr ver‒stri‒cken.

V.

Eyn Lyd ym Meyen.

So wil ych frisch vnndt frölych syn,
Ich hoff myr solts gelyngen,
Zu Dinst der allerliebsten meyn,
Wil ich yetzt frölich syngen,
Meyn Hertz dz ist in Frewden gantz,
Wenn ich sie an tue blicken,
Sie leuchtet alsz der Sonnen Glantz,
Möcht mit jr dantzen eynen Dantz,
Meyn Hertz mit jr verstricken.

Retzund

Jetzund zu diser Meyenszeyt,
Tut sich hertzlych erfrewen,
Manch Blumleyn auf der Heyden breyt,
Trawren wil ich auch scheuen,
Vnndt frewn der Allerliebsten meyn,
Der ich mych hab ergeben,
Jn jrem Dinst fest emsig seyn,
Jch hof sie werd noch eygen meyn,
Jm Tod vnndt auch ym Leben.

Vnndt nechten da ich bei jr war,
Tat frewndlych mit jr schwetzen,
Jch sprach: Gott grusz ewch Jungfraw zart,
Leyds tet sie mych ergetzenn
Mit jren Ermleyn also schlanck,
Tet sie sich zu mir schlieszenn,
Meyn Hertze war vor Frewden kranck,
Danck musz si hab'n jr Leben lanck,
Sie sol sein noch wol g'nieszen.

Ich sprach z' jr zart Jungfrewleyn zeyn,
Eyn Kron weyblicher Eeren,
Wolt Gott solt' ewer Diner sein,
Ewr Lob und Preysz zu meren,
Si dancket myr aus Herßens Grund,
Mit frewndlicher Geberdenn,
Ich küsz sie an jrn roten Mundt
Meym Hertz'n ward grösser Frewd nie kundt,
Dieweyl ich leb uff Erdenn.

Recht lyblych sie mich anesach
Mit jren Eugleyn klare,
Gar frewndlich ich auch zu jhr sprach:
Reyn Jungkfraw glaubt fürware,
Meyn Hertz ist euch in trewen hold,
In Zucht vnndt auch in Eeren,
Wo ewr Gemüt daszelbig wolt,
Dz unser beider Frewd sich solt,
In Lib und Züchten meren.

Ewr

Ewr zücht'ger Wandel also feyn,
Tut mir meyn Hertz zerschneyden,
Wiewol der Klaffer gar vil seín,
Die mich darumb tun neiden,
Deßhalb bit ich noch Jungkfraw schön,
Laſt euch doch nit verfüren,
Der falſchen Zungen arge won,
Die mir vnndt euch vil leyden tun,
Solln ewre Gunſt nit irren.

Zart wunnigliches Jungkfrewleyn,
Laſt mich der Trew genieſzen.
Ewr ſteter Diner wil ich ſeyn,
Euch ynn meyn Hertz verſchlieſzen,
Mein G blut vor frewden allzert wacht,
Dartzu mein Gemüt vnndt Sinne,
Mein Hertz nach euch in Eeren tracht,
Ade zu tawſend gute Nacht,
Ir ſeid meyn Keyſerinne.

Vnndt der vns dises Lydleyn sang:
Von newen hat gesungen
Dz hat eyn freier Drucker ton,
Eyn freyer vnndt eyn junger,
Er singt vns dz vnndt noch vil mer,
Vnndt hats gar frei gesungen,
Gott gruß meyn Bulen wo er wer,
Vnndt b'hüt al reynen Jungkfrewleyn jr Eer,
Vor allen falschen Zungen.

VI.
Eyn Lied
von eym Rewtersknaben.

So wünsch ich jr eyn gute Nacht
Bei der ich war alleyne,
Eyn frewntlich Wort sie zu myr sprach,
Da wir uns solten scheidenn,
Ich scheyd mit Leyd,
Gott weisz dj Zert,
Widerkommen bringt vns Frewd.

Nechten da ich bei jr wz,
Jr Angesicht wolt rötenn,
Sie sah den Knaben frewntlich ann,
Sprach, Gott tu dich behutenn.
Meyn Schimpff, mein Schmertz,
Beicht myr meyn Hertz,
Dz wird ich retzund innen.

Dz Meydleyn an der Zinnen stand,
Hub klrglich ann zu weynen:
Gidenck daran du Reuters Knab
Laſz mich nicht leng r alleine,
Ker wider bald,
Meyn Auffenthalt,
Löſz mich von schweren Treumen.

Der Reuter über die Heiden reyt
Vnndt wendt sein Röſzleyn rumme:
Daran gedenck du schöne Meyd,
Vnndt ker dein Red mit vmme,
Beschert Gott Glück,
Geh't wider zurück,
Du bleibst meynem Hertz'n eyn Krone.

Höflych vnndt frewndlych.

Umb dyner wegen bin ich hie, Hertzlieb vernimm meyn Wort — — Laſz mich der Treu geniessen, deyn Diener will ich ſeyn, —

All meyn Hoffnung ſetz ich zu dir dar, ynn treib ich kein Spott — — Tu mir dein Hertz aufſchlieſſen, ſchleuſz mych Hertzlieb dar ein. —

VII.

Eyn schöner Reyen
von der Hertzallerliebsten.

Umb deinetwegen bin ich hie.
Hertzlieb vernimm mein Wort,
All meyn Hoffnung setz ich zu dir,
Darin treib ich keyn Spott.
Lasz mich der Trew geniesen,
Deyn Diner will ich seyn,
Tu mir dein Hertz aufschliesen,
Schleusz mych Hertzlieb darein.

Man hat vns beyd' verlogen ſer,
Dz weyſt du Hertzlieb wol,
Dz haben die falſchen Klaffer getan,
Die ſind vns beiden nicht hold,
Wir wollens je wider vergelten,
Rat du meyn trewer Schatz,
Erſt wil ich dich lieb haben,
Dem Klaffer zu Neyd vnndt Haß.

Bei meynes Bulen Kopffen
Do ſtet eyn güldiner Schreinn,
Darinn da leyt verſchloſzenn
Das junge Hertze meynn,
Wolt Gott ich het den Schlüſzel,
Ich würff jn in den Reynn.
Wer ich bei meynem Bulenn,
Wie möcht myr baſz geſeinn.

Bei

Bei meynes Bulen Füßen,
Da fleuszt eyn Prünleyn kalt.
Wer dz Prünnleins tut trincken,
Der junge vnndt wird nicht alt.
Ich hab des Prunnleyns g'truncken.
Vil manchen stolzen Trunck
Nicht liber wolt ich myr wunschen
Meynes Bulen roten Mund.

In meynes Bulen Garten,
Da steen vil edeler Blüt.
Wolt Gott solt ich ir warten
Dz wer meyns Hertzens frewd,
Di edlen Röszlein brechen,
Denn es ist an der Zeyt.
Ich traw sie wol zu erwerben,
Die myr ym Hertzen leyt.

In meynes Bulen Garten
Da steen zwey Bewmeleyn,
Dz ein dz tregt Muschater,
Dz ander Negeleyn.
Di Muschaten die sind süsse,
Di Negeleyn die sind vesz,
Di geb ich meynem Bulen
Dz er meyn nicht vergesz.

Zu Dinst sey dz gesungen
Der Allerliebsten meyn,
Ir Lieb hat mych bezwungen,
Ich kan jr nit feind gesein
Dieweil ich hab dz Lebenn.
Dz glaub sie myr verwar,
Wil ich sie nit aufgebenn
Vnnd lebet ich tausend Jahr.

Vnndt

Vnndt der vns disen Reyen sang,
So wol gesungen hat,
Dz haben getan zween Hawer
Zu Freybergk in der Stat.
Sie haben so wol gesungen
Bey Met vnndt külen Weyn,
Darbey da ist gesessen
Der Wirtin Töchterleyn.

Den letzten Versickel singen beyde zusammen, jeder seyn Melodey.

VIII.

VIII.

Eyn Lyebes-Reyen
zwischen
A vnndt **B.**

A.

Wie kömmts dz du so trawrig bist
Vnnd gar nit eynmal lachst :,:
Ich see dyr's ann den Augen ann
Dz du geweynet hast.

B.

„Vnndt wenn ich auch geweynet hab'
„Wz geet es dich denn ann :,:
„Ich weyn, dz du esz weist, vmb Frewd
„Die myr nit werden kann.

A.

Wenn ich ynn Frewden leben wil
Ge ich ynn grünen Wald :,:
Da v'rget mir all' meyn Trawrigkeit
Vnndt leb wie's mir gefalt.

B.

B.

Meyn Schatz eyn wacker Jeger ist
Er tregt eyn grunes Kleydt :,:
Er hatt eyn zart rots Mundeleyn,
Dz mir meyn Herz erfrewt.

A.

Meyn Schatz eyn holde Schäfrinn ist,
Sie trägt eyn weisses Kleydt :,:
Sie hatt zwey zarte Prüsteleyn
Die myr mein Herz erfrewn.

Beyde.

Bist du meyn Schatz, ich binn dyn Schatz
Seyns Lyeb, schöne Engelekind, :,:
Komm zu der Heerd, uff grunen Platz
Jnn Waid, wo Frewden synd.

yn dem schönen grünen Waldpal, laſt.

IX.
Eyn ſtattlych Jegerlyd.

Ey ſo ſagt myrs frey,
Wz doch ſchönner ſey,
Wz doch edler ſey,
Alſz die ſchöne Jegerey
Wo Diana raſzt,
Vnndt dz Waldhorn blaſzt
Ynn dem ſchönen grünen Waldpallaſt.

C 4   Laß

Laſz den Bacchum geenn
Laſz die Venus ſteenn,
Laſz den Bacchum geenn,
Laſz nur ſuchen wer do wil
Bey ihn'n ſeyne Frewd,
Findt zu diſer Zeyt,
Keyne Frewd', gar nichts alſz Trawrigkeit.

Ab'r im grünen Wald
Myr all's wohlgefalt
All's von Frewden ſchalt,
Springt etwan vorbey eyn Hirſch,
Meyne Huendleyn fryſch
Baldt eyn'n Haſen erhalt,
Solcher Thirleyn gybts mer ynn dem Wald.

Dachſe, Füchſa, Ree,
Wölfe, Gemſen, Fee,
Awerochs vnndt Ber,
Muſz biſzweyln auch halten her,
Auch eyn wyldes Schweyn
Eſz ſey groſz od'r kleyn,
Ey, ſo muſz eſz doch geſtechen ſeyn.

Hab

Hab ich mych ergeben/
Meyn' Kräft' dran gesetzt.
Meynen Mut gelegt;
Leg ich mich eynmal zur Rue.
Hab' baldt ausgerast
Mach mych wider g'fast
Jag van grüner Heyde dapfer zu.

ich ſie vber‑win‑den.

X.
Eyn Liebeslyd.

Man ſingt von ſchönen Frewleyn vi...
Jr Lob ich alzeit preyſenn wil,
So gar ein ſchönes Weybe,
Jr Eer, jr Gut,
Jr ſtolzer Mut,
Kundt ich ſie vberwinden.

Jch

Ich lag einsmals in schwerer Not,
Alſz wer mir Vatter vnndt Muter tod,
G'ſchae mir doch nie ſo leyde,
Als dz ich mich
Gantz ſchmertzigklich,
Wol von der Schönſten muſz ſcheyden.

Ellend du haſt mich ſtreng gefaßt,
Dz du mich alſo verlaſzen haſt,
So gar on alle Trewe,
Ellend bin ich
Ellend krenckt mich,
Ellend laſt mich nit ſchlaffen.

Noch will ich lieber ellend ſeyn,
Denn dz ich verlür die Liebſte meyn,
Die myr jr Trew verheiſzen,
Je brechen Trew
Bryngt jr wol Rew,
Die Lieb bricht Stal vnndt Eyſen.

Der

Der uns dz Liedlein new gesang,
Ein freier Fechter ist er genannt,
Er hats gar schön gesungen,
Er ist schabab
Vnndt gantz vnwerdt,
Eyn Rewter hat jn vertrungen.

Wol kumbt der May mit mancher-
ley der Blůmleyn zart, nach j-rer
Art, er-qui-cket dz ver-dor-ben
wz, ja durch Win-ters Ge-

) 47 (

walt, dz er-frewt sich

man-nich-falt.

XI.
Eyn Lyd vom Mayen.

Wol kumbt der May,
Mit mancherley,
Der Blůmleyn zart
Nach jrer Art
Erquicket dz
Verdorben wz.
Ja durch Winters G'walt,
Deſz erfrewt ſich mannigfalt.

All's wz da lebt,
Sich yetz erhebt,
Der Vögeleyn G'ſang,
Welcher vor lang,
Geſchwiegen wz,
Auch Laub vnndt Graſz,
Ja es grünet ſchon,
Deshalb ich nicht trawren kan.

Gantz

Gantz sonderlych,
Erfrew ich mych,
Heimlichen deß.
Ich weyß wol weß.
Davon nicht vil
Ich sagen wil
Ja wil Lybchen myr wol,
Ob Monstr vñ Ertzß wol.

) 51 (

wa-gen, all meyn Begir trag

ich zu dir, dz glaub du myr, deyn

Lieb' laß mych ge-nief-zenn.

XII.

XII.

Eyn Tageweyſz
von eym jungen Knaben.

Wach uff, meyn Horr,
Vernimm mein Wort,
Merck uff, wz ich dir ſagt,
Meyn Hertz dz ſchwebt,
Nach deyn G'nat,
Schön' fraw, du wollſt eſz wagenn.
All meyn Begier,
Trag ich zu dir,
Dz glaub du myr,
Deyn Lieb' laſz mych genieſzenn.

Deyn

Deyn stolzen Leyb,
Du myr verschreyb,
Vnndt schleusz myr off dein Hertze,
Schleusz mich dareyn,
Zart Frewleyn seyn,
Vnndt wendt myr meinen Schmertzen,
Den ich yetz han;
Dz ich nicht kan
Bey dir stets seyn,
Ist wider meynen Willen.

„Ach junger Knab,
„Deyn Bitt lasz ab,
„Du bist myr vil zu wilde,
„Vnndt wenn ych tet
„Nach deyner Bet
„Ich furcht du schweygst nicht stille.
„Ich danck dir fast,
„Meyn werter Gast,
„Wenn Trewe hast,
„Die du myr gönnst von Hertzen.„

Ach Fraw mit nichte,
Bin ich gerichte,
Dz ich euch woll betrugen;
Ob eyner kem,
Von myrs vernem;
Dz müst er warlich liegen;
Darauff du baw,
Vnndt myr vertraw,
Du reynes Weyb,
Lasz dich den Schimpff nicht rewen.

„Ach junger Knab,
„Nun zeuch dich ab,
„Bleib bewt bey myr on Sorgen,
„Kein frewndlych Lieb,
„Soll sparen nit,
„Bisz an den hellen Morgen,
„Deyn lieblych Wort
„An diesem Ort
„Die geen myr nah,
„Erwelchen myr meyn Hertz.

Da lag'n dj zwey,
On Sorgen frey,
Die lange Nacht ynn Frewden,
Bisz ob'r sie scheyn,
Der Tag hereyn.
Noch sol meyn Trew nicht leyden,
Noch fur vnndt fur,
Lieg ych ann dyr,
Dz trawt myr,
Lasz mych deyn Lieb geniesszen.

Der Wechter ann
Der Zinnen stand:
Leyt yemandt hier verporgenn,
Der mach sich uff
Vnndt zie davonn,
Dz er nicht kum ynn Sorgen.
Nymm Urlaub von
Dem schönen Weyb,
Denn esz ist Zeyt,
Esz scheynt der helle Morgen.

Die Fraw do ann
Dem Fenster standt
Jr Lieb' der wolte scheyden,
Sie küst jn ann
Sein rotenn Mvndt,
Frewntlych thet er s' umbfahen,
Do macht sie jm,
Eyn Krentzleyn feyn,
Von Perlen weiß.
Mit prauner Seyd'n umbwunden.

Von dann' er sich schwang.
Hub ann vnndt sang
Wie es ihm wer ergangenn,
Mit eynem Weyb,
Jr stoltzer Leyb,
Hett jn mit Lieb umbfangenn,
Hett jn verpflicht,
Hub ann vnndt dicht,
Eyn Tageweyß
Vonn eyner schönen Frawen.

✠ ✠ ✠

XIII.

Eyn Reyen
von
eynā trewen Bulen.

———

Nur eyn Gesycht uff Erden lebt,
So mych vergnügenn kann,
Nur eyns vnwahr der Sonnen schwebt,
So ich nit meyden kan,
Meyn Hertz im Leyb für Frewd uffspringt
Wann ich nur denck daran,
Aber der Seel grosz Schmertzen bringt,
Wann ichs nit sehn kan.

Ob ich schon oft musz leyden vil
Von bösen Zungenn hart
Uff keine Weysz doch meyden wil
Schönnste dein Gegenwart.
Wann ich dich lib o schönstes Kind
Wz gehet es andre ann,
Eyn ieder iezund Liben findt.
Dz niemand weeren kan.

Ach lieber Schaz erlaube myr
Zu küszen deinen Mundt,
Dieweyl deyn libes Angesicht
Mych also hart verwundt
Meyn Herz, Gesicht, meyn'n ganzen Leib
Auf ewig dir verschreib,
Der Himmel selbst mir Zeuge sey
Dz ich deyn Diner bleib.

hab ych ferdt ver-tan.

XIV.
Eyn lustiges Lydleyn.

Wo soll ych mych hinkeren,
Ich tummes Bruderleyn,
Wie soll ich mych erneren,
Meyn Gut iß vil zu kleyn,
Alß ich ein Wesen han,
So muß ich bald davon,
Wz ich soll hewr verzeren,
Dz hab ich ferdt vertan.

Ich

Ich bynn zu frü geporenn,
Ja wo ich hewt hinkum,
Meyn Glück kumpt myr erst morgen.
Het ich dz Keyserthum,
Dartzu den Zoll am Reyn,
Vnndt wer Venedig meyn,
So wer esz all's verloren,
Esz musst verschlemmet seyn,

So wil ich doch nicht sparen,
Vnndt ob ichs all verzer,
Vnndt wil darumb nit sorgen,
Got b'schert myr morgen mer.
Wz hilfts dz ich lang spar,
Villeicht verlür ichs gar.
Solt myrs ein Dyb anstragen,
Esz rewet mych eyn Jar.

Ich wil meyn Gut verpraſſen,
Mit ſchlemmen fru vnnde ſpåt,
Vnnde wil keyn ſorgen laßen,
Dem eſz zu Hertzen get,
Ich nym mir'n Ebenbylde,
Von manchem Thierleyn wyld,
Dz ſpringt uff breyter Heyde,
Got leent jm ſein Geſild.

Ich ſich auff preyter Heyde,
Vil manches Blůmleyn ſtan,
Dz iſt ſo wol bekleydet,
Wz Sorg ſolt ich denn han,
Wie ich gut uberkum.
Ich bin noch friſch und jung,
Solt mych eyn Not anlangenn,
Meyn Hertz weiſt nichts darumb.

Kein

)64(

Kein größer Freud uff Erd'n ist,
Denn gutes Leben han,
Myr wirt nicht meer zu diser Frist,
Denn schlemmen vnd vnuds an,
Dartzu eyn guter Mut,
Ich reysz nicht seer nach Gut,
Alß mancher reycher Bürger
Nach großem Wucher tut.

Der g'wintut, seyn Gut mit schabenn,
Dartzu mit großer Not,
Wenn er fern Ahn soll habenn,
So leyt 'r alß sey er todt,
So bin ich noch frisch vnndt jungk
Got verleyh mir vil der Stund,
Got behüt mych jungen Knaben,
Dz mir kein Vnmut kum.

Ich

Ich laß die Vögel sorgen,
Gegen disen Winter kalt,
Wil uns der Wirt nicht borgen,
Meyn Rock gib ich jm bald,
Dz Wammes auch darzu,
Ich hab wed'r Rast noch Ru,
Den Abend alß den Morgen,
Biß dz ichs gar verthu.

Ich bind meyn Schwerdt an d'Seyten,
Vnndt mach mych bald darvon
Hab ich dann nit zu reuten
Zu Fuszen musz ich gan,
Es ist nit allgeyt gleich,
Ich bin nit allweg reich,
Ich muß der Zeyt erwarten
Biß ich dz Glück erschleych.

) 67 (

li-ben recht ann, so war er ein

ar-mer ge-schla-ge-ner Mann,

E 2   XV.

XV.
Eyn Lyd der Lybe zu Ungunsten.

Man sagt, dz Liben bryngt vil vnndt
grosze Frewd,
Wenn man esz betrachtet, so brengt esz mer
Leyd;
Kaum hat er nur gefangenn zu liben recht an,
So war er eyn armer geschlagener Mann.

Die Lbe macht Flawsen vnndt melancholisch
Blut,
Beniemet dj Freyheyt vnndt stürzett den Mut,
Wz hilffet dem Vögleyn eyn wunderschönes
Hausz,
Da esz doch nimmer kan kommenn herausz.

Wer

Wer ſich wil feynd ſein, fang zu libenn
recht ann,
Von Geldt vnndt Gut bald kommen er kan,
Dz hett eyn ſchöns Weyb gemacht mit irem
Schertz
Vnndt irem Lybſten geſangenn dz Hertz.

Der ſyryſche Hauptmann Holoferneſz genannt,
Der durch ſein vil krygenn gar wol bekannt,
Der hette ſein Lben nicht kluglych bedacht,
Dieweyl jn um den Kopf eyn Weybsbild ge-
bracht.

)(71)(

hoab sichs gan - tze Hoaß, denn a

pfiff ab - schew - lych.

XVI.
Eyn Schlesisch Bawrenlyd.

Mag der hoat a Dudelsack
A truckta dz a brummta,
Naw da gyngs a hantza Toag,
Doaß de Stuba sumte,
Aller Geyer wear da toaß,
Dümmer noch as newlych
Do erhoab sych's gantze Hoaß,
Denn a pfyff abschewlych! *

Groaß

---

* Kanst eben mercken lybet Leser, dz dyß einfeltig Pawrenlyd, deutett uff Unfugk sycherer newen

Groaß, vnndt kle vnndt Mitteknacht,
Alles gyng eym Sprunga,
Vnndt de Karla tantzn racht,
Wi de Lköffla klunga,
Mancher macht a langa Halsz,
Schrie, vnnd juchszta grewlych,
Aber Matz woar vber all's;
Denn a pfyff abschewlych!

newen Genyes. Machen sollicke Geuche vnndt Gecken, mit jrem abschewlichen Pfeyffen, eyn summen vnndt Sawsen, ergert als zen Dudelseck vff eyner Pawrenkyrmse. Darnach tantzenn ym vollem Sprunge, Geuchleyn vnndt Geckleyn, machen lange Helse, schreyen vnndt juchzen grewlych, ob sollicher heerlichen Musika. Mechte auch eyn verstendig Man jernen, ob solchem abschewlichen Pfeyffen, tun die Matzen vnndt

Drynne, drawsſze, uff vnndt ab,
Woar a sytt Gekroappel
Doaſz uck vff de Arda knap,
Kunnte meer a Appell
Jungk vnndt ale woren tull,
Mancher jeente freylych,
Aber Matz vertrjb's en wol,
Denn a pfyff abschewlych.

Drynne.

───────────────────────

vnndt Geuche, jm solcheiſz mit noch abschewli-
cherm Pferssen, wol vertreybenn, biſz jr uber-
spannter Dudelsack eyn Loch kriegt, vnndt
Pfeyffens vnndt Summens, eyn schrympflich
Ende machen tut. Z'enn denn Geuchleyn
vnndt Gecklern di lange Helfe eyn, krygen da-
dafür lange Nesleyn, hengen solliche wj arme
Töpfe, g:en spryngens vnndt juchtzens furder
müſzig.

Drynne, drawßze, uff vnndt acß
Wor a sytt Getümmel,
Der verzwyßelt Daureisacß,
Macht a sytt Gewymmel.
Freh * do kreyt a doch a Rauch **
Sustan decht ych heylygß,
Dz Getvemmel woatte noch.
Denn a pfyff abschewlych!

---

* Frûe.   ** Loch.

Hertzynnigklychenn.

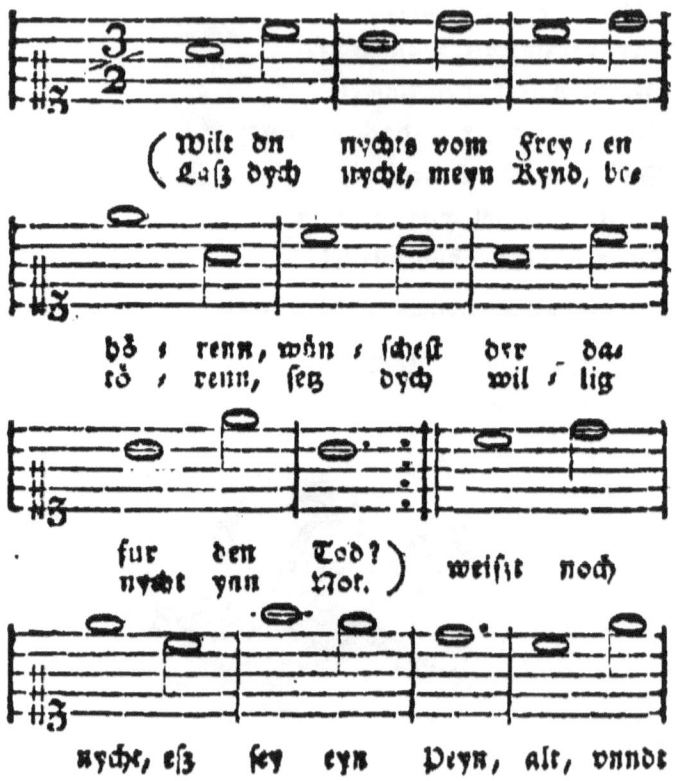

(Wilt du nychts vom Frey-en
Laß dych nycht, meyn Kynd, be-
bö-renn, wän-schest dir das
tö-renn, setz dych wil-lig
fur den Tod?) weist noch
nycht ynn Not.)
nychts, eß sey eyn Peyn, alt, vnnd

doch noch Jungkfraw seyn.

XVII.
Eyn Lyd vom Freyen.

Wilt du nychts vom Freyen horenn?
Wůnscheft dyr dafür den Tod?
Laß dych nicht, meyn Bynd, betorenn,
Setz dych willig nycht ynn Noth.
Weißt noch nycht, eß sey eyn Peyn,
Alt, vnnde doch noch Jungkfraw seyn.

Lyeben

Lyeben vnndt gelyebet werden,
Ist dz beste an der Welt,
Ist wz noch diesz Hausz der Erden
Frey fur fruem Fall erhelt.
Wer nycht lyeben wil vnndt kann,
Wozu taugt er vmb vnndt ann?

Wye dj Epfll sammt den Zweygen,
Vor dem Gartenherren, sich
Vmb die Herbstzeyt nyeder beugen,
Vnndt fast sprechen: Pflücke mich,
Wye ym Weynmond reyfer Weyn,
Träuffe, vnndt wil gelesen seyn.

Wys di volle Ros' vmm Lenzen,
Sanfft sych neigt nach deyner Hand,
Wil, deyn' Locklyn zu bekrenzen,
Von dyr werden angewandt,
Wye ym Augst, di reyfe Saat
Gern den muntern Schnitter hat.

.

Alſo reyſ'n deyne Gaben,
Vnndt trygt mych das Auge nycht,
Mochten eynen Freyer haben,
Wz deyn Mund dawider ſpryche,
Deyne Anmut, deynë Zīr,
Suchet eynen Brdutgam dyr.

Komm zu myr, meyn Obſt vnndt Trawbe,
Roſ' vnndt Saat erfr.we mych,
Komm nach dyeſer Fruchte Raube,
Seenet meyne Seele ſich.
Dz Obſt fertigt meynen Synn,
Ob ych ſonſt gleych Obſts ſchew binn.

Pewrisch.

) 81 (

munt deyn Moan, wen gyngs denn soft w3

oan, vnndt wenn dj Mutter schmåle

wil, frag sle, wie ir dz Ding as

Brawt ge s fyl.

XVIII.

XVIII.

Eyn
Türyngisch Pawren-Lyd.

Kumm Grite gyb myr flucks an Schmatz,
Sest byst du nimmermie mey Schatz,
Kumm flucks, vnndt thucks geschwind,
Du schiens Engelskynd.
Wer ych doch munt* deyn Moan,
Wen gyngs denn sost was oan,
Vnndt wenn dj Mutter schmäle will,
Frag sie, wie jr dz Ding as Brawt gefyl.

An

---
* Dz ist: nur.

An Schmaz verwtert der Farrer nich,
Vnndt thät häs og, so säte ych:
Hergt't ir doch ewre Brawt
Un wert noch nich getrawt
Wenn eener sist * nischt tut,
Do is dos Deng schon gut,
Denn durch ä besgen Mewler-Knall
Brengt eener myr de Mäden nech zom Fall.

Ich wes og, dz du eerlych bist,
Vnndt dychs dj Strunde noch verdrießt,
Do Nackbars Töffel kam,
Vnndt dych beym Flitt'che nam.

---

* Dz ist: sonst.

Tut hå'mers nuch anmoal

Huel mych der Rübezoahl,

Ich schloa der'n vn oj Fråsze 'neyn

Hå soll dyr blue' wie'n Hackfch vnndt wie å Schwein.

Weil hå a besgen g'tanze koan,

So sien hen alle Mächen oan,

Un såht hå nur å Wort,

Pump gien se met en fort.

Stiet der Hewbuden uff,

Su zerrt hå fle mit nuff,

Da soll a Mensch oj Keruise fien,

Dö mog ders recht verflucht vnnde tomm zugien.

Do

Do ho ych gantz an annern Sinn,
Wenn ych annsoahl zun Tantze bin,
Do thu'ch ä bischen jungk,
Vnndt mach an krummen Sprungk.
Es's Zeyt zun Hemegien,
Bleyb ych nych loange stien,
Un see mych nich nach annern üm,
Bist du myr gut, wz schär ych mych denn drüm.

XIX.

Eyn Lyd,
ym Lande zu Beyern seer vblych.

Wyr g'nüsszen dz hymmlischen Frewden,
Drum tun wyr dz Yrdische meydenn,
Keyn weltlych Getümmel,
Hört man nit ym Hymmel,
Lebt alles ynn sanftester Ru'.
Wyr furenn eyn engl:sches Lebenn,
Synd dennoch gantz lustyg darnebenn,
Wyr tantzenn vnndt spryngen,
Wyr hüpfenn vnndt fingenn
St. Peter ym Hymmel siet zu.

Johans

Johannes dz Lämmlyn außlasset,
Der Metzger Herodes druff passet,
Wir fur'n 'n gedultigs,
Vunschuldigs, gedultigs,
Eynn lybyches Lämmlyn zum Tod.
St Lucas den Ochsen tut schlachtenn,
On' eynyg's Bedenkenn vnndt Achtenn,
Der Weyn kost't keyn'n Heller
Ym hymmlyschen Keller,
Dj Engel, dj backenn dz Brodt.

Gut Krewter vonn allerhannd Artenn,
Dj wachsenn ym hymmlyschen Garten,
Gut Spargell, Fyssolen *
Vnndt waß wyr nur wollenn,
Gantz Schußell voll synd vns bereyt.

F 5 Gut

* Dj heyst uff teutsch: grune Boonen.

Gut Epfell, gut Byrn', vnndt gut Trawbenn,
Di Gartner dj alles erlaubenn.
Wyllst Reebock, wyllst Haasenn?
Uff offener Straszenn,
Tzur Kuchell sy lauffenn herbey.

Sollt' ettwa eyn Fasttag ankommen,
Di Fysche myt Frewden anstrommen,
Da laufett St. Peter
Myt Netz vnndt myt Köder
Xm hymmlyschen Weyber byneyn;
Wyllst Karpffenn, wyllst Hechten, Forellen,
Gut Stockfisch vnndt frysche Sardellen.
St. Lorentz hat muszen,
Seyn Lebenn eynbuszenn,
St. Marta dj Kochynn musz seyn.

Keyn' Musyck yst ja nit uff Erden,
Dj vnsrer verglychenn kan werden,
Eylftawsend Jungkfrawen,
Tzu tanßenn sych trawenn,
St Vrsula selbst datzu lachtt,
Cecylya myt i:'n Verwandtenn,
Synd trefflyche Musycanten,
Dj Englysche Stymmen,
Ermuntern dj Synnen,
Dz alles fur frewden erwacht!

XX.
Eyn
Schwebyſches Pawren=Lyd.

─────

Ey! wie byn ij a luſtiger Bua,
Wie kan ij ſo zwitzzerlj tanza
Ey! wie han ij Schuele na,
Ey! wie han ij Schnella bra,
Mey Schnella, mey Schue.
(Von Anfange an)

Ey!

Ey! wie han ij Strümpfle na,
Ey! wie han ij Zwickele dra,
Mey Strümpfle, mey Zwickle,
Mey Schnella, mey Schue.

(V. A.)

*Ey! wie han ij Hößle na,
Ey! wie han ij Nestele dra,
Mey Hößle, mey Nestle,
Mey Strümpfle, mey Zwickle,
Mey Schnella, mey Schue.

(V. A.)

Ey!

---

* Du sollst mercken, dz von disem Versickel an, die Weyse bey § wider angeet, vnnd der Tact §§ so offt widerholt wird, alß vonnöten.

Ey! wie han ij a Hemble na,
Ey! wie han ij Preyßle dra,
Mey Hemble, mey Preyßle,
Mey Hößle, mey Neßle,
Mey Strümpfle, mey Zwyckle,
Mey Schnella, mey Schue.

(V. A.)

Ey! wie han ij a Wemsle na,
Ey! wie han ij Knöpfle dra,
May Wemsle, mey Knöpfle,
Mey Hemble, mey Preyßle,
Mey Hößle, mey Neßle,
Mey Strümpfle, mey Zwyckle,
Mey Schnella, mey Schue,

(W. A.)

Ey!

Ay! wie han ji a Hütle nauf,
Ey! wie han ji a Bendle drauf,
Mey Hütle, mey Bendle,
Mey Wemsjle, mey Knöpfle,
Mey Hemdle, mey Preisjle,
Bey Höszle, mey Westle,
Mey Strümpfle, mey Zwickle,
Mey Schnella, mey Schue.

V. L.

gen, dz Berg vnnd Tal er-

klyn-gen.

XXI.
Eyn kleglych Lydleyn
von eyner
Königs-Tochter vnnd eym Ritter.

Es rytt eyn Ritter wol durch dz Ried,
Er fing eſz an eyn newes Lyd,
Gar ſchöne tet er ſyngen,
Dz Bergk vnndt Tal erklingen.

Dz hört deſz Königs ſeyn Töchterleyn
Jnn jres Vaters Luſtkemmerleyn.
Sie flochte ir Härleyn ynn Seyden,
Mit dem Ritter wolte ſie reyten.

Er namb ſie bei jrem ſeydnen Schopf
Vnndt ſchwung ſie hinder ſich uff ſeyn Roſz.
Sie rytten ynn eyner kleyn'n Weyle,
Wol vier vnndt zwantzig Meylen.

Vnndt da ſie zu den Waldt nauſz kam'n,
Dz Röſzlin dz wil Futter han.
Feyns Lybchen! hier wollen wir ruen,
Dz Röſzlin, dz will Futter.

Er ſpreytt ſeyn Mantel ins grune Graſz,
Er bat ſie, dz ſie zu jm ſaſz,
Feyns Lybchen, jr müſzet myr lauſzen,
Meyn gelbkrauſz Härleyn durchzauſzen.

Deſz hermt ſich deſz Konigs ſeyn Techterleyn.
Vil heize Tränen ſie fallen lieſz,
Er ſchawt jr wol vnnder dj Augen,
Warumb weynet jr ſchone Jnngkfrawe?

W'rumb ſolt ych nicht weynen vnndt trawrig ſein,
Ich bin ja deſz Königs ſeyn Techterleyn.
Hett ich mein'm Vatter gevolget,
Fraw Keyſerinn wer ych worden.

Kaum hett ſie dz Wörtleyn auegeſagt
Jr Heubtleyn uff der Erden lag,
Jungkfrewleyn hettſt du geſchwiegen,
Deyn Heubtleyn dz wer dir geblyben.

Er krigt ſie bey jrem ſeydnen Schopf,
Vnndt ſchlenckert ſie hinder eyn'n Hollerſtock,
Da lyge ſeyns Lybchen vnndt fawle
Meyn jungk Hertze muſz trawren.

Er namb ſeyn Roſzleyn bey dem Zaum,
Vnndt band es an eynen Waſzerſtrom.
Hier ſtee meyn Röſzleyn vnndt trinke,
Meyn jungk friſch Hertze muſz ſincken.

Lustygk.

Wenn du bey meyn Schätzgen komst,

sag: ych lyeß sye gruß=zen;

wenn sye fra=get wye myr's geet,

sag: uff bey=den Füs=zen,

wenn sye fra-get, ob ych kranck,

sag: ych sey ge-stor-benn, wenn sye

an zu weynen fangt, sag: ych

ker-me mor-gen.

XXII.

XXII.

Eyn Lyd
an eyn'n Potten.

Wenn du bey meyn Schatzgen kommst,
Sag: ych lesz sye grusten;
Wenn sye fraget: wye's myr geet?
Sag: uff beyden Fußen.
Wenn sye fraget: ob ych kranck?
Sag: ych sey gestorbenn.
Wenn sye an zu weynen fangt,
Sag: ych keme morgen.

XXIII.

XXIII.
Eyn Lyd der Meydleyn
ym
Oßnabruckyschen.

Ym Ton: Tzum Sterben bin ich ꝛc.

Wack'r Meken ben yck
Roade Strumpe dreg yck
Kan strycken, kan näyhen
Kan'n Haspel goet dreyhen
Kan nock wol wat meer —

※ ※ ※

) 109 (

Feyn Ge‒dycht drumb trawt doch Fey ‒ ner,

drumb trawt doch Fey ‒ ner

Frawen nycht.

XXIV.

XXIV.

Eyn Lyd
von bösen Frawen.

───

'S ist g'wyſz vnndt keyn Gedycht
Wz dz Buch der Weyszheyt sprycht!
Man sol keyner Frawen trawen
Vnndt keyn Hauſz uffs andre bawen.
's ist gewiſz vnndt kern Gedycht!
Drumb trawt doch keyner Frawen nycht.

) III (

Adam 'r erste Vater meyn,
Stymmt myt allen übereyn,
Da dy Eva jn ve furte
Wo der gantze fall herrurte
's ist gewiß vnndt keyn Gedycht,
Drumb trawt doch keyner Frawen nicht.

Frawen spotten immerdar
Wi di Sara hett' getan
Sye sind gut zum Dysputyren,
Vn dt dz Wort alleyn zn füren.
's yst gewiß vnndt keyn Gedycht,
Drumb trawt doch keyner Frawen nycht.

Holofernesz! wer hett dych,
Vmbgebracht so jemmerlych?
's kam von Judith, ener Frawen
Di der'n Kopf hett' abgehawen.
's ist gewysz vnndt keyn Gedycht,
Drumb trawt doch keyner Frawen nycht.

's yst noch eyn Exempel da,
Von dem Hauptmann Syssera,
Dem der Nagel nycht durch Haaren
Sondern durch den Kopf gefahren:
Drumb ist's gewisz vnnde keyn Gedycht,
Wy der Mund der Weyszheyt sprycht.

VXV.

Eyn
Niderſechſyſches Lyed.

. . .

Nun laet uns ſingen dat Avendlyd,
Dann wj mæter gahn :,:
Dat Renneken myt dem Wyne
Dat loaten wj ſtahn :,:

Dat

Dat Rennken myt dem Wyne,
Dat moet getruncken syen :,:
Alse moet al dat Abendlyd
Gesungen syen. :,:

Wol vnderm Tannenbawme,
Alda yck lag : :
Jnn meyn feyns Lydckens Armen,
Die lyebe lange Nacht. :,:

Die Bläer von den Bewmen
Die fall n up my :,:
Dat my meyn Schatz verlaten hett,
Dat fröet my :,:

H 2 Dat

Dat my myn Schatz verlaten hett,
Dat kommt also :,:
Sey doacht sych to verbetern,
Vnnd betrog syck damoe :,'

Desz Abens wenn et late * is
Stund hey wol vor der Tuer :,:
Mit synem blancken Schwerde
Stund he davoer :,:

Myt synem blancken Schwerde
Glyck as een Held :,:
Mit em wyll yck et wagen,
Jnn's wyede wyede Feld. :,:

Mit

---

* D. i. spat.

Mit em wyll yck et wagen,
To Waater en to Land :,:
Dat my myn Schatz verlaten hett',
Dat givt my keene Schand :,:

Luſtiglych.

) 119 (

Müßn ob set ten Spegel ky cken,

ym mer thoet sey foe.

XXVI.

XXVI.
Eyn Hannswurstslyd.

Seet jy Herrens seet! Dye sett yck myene foet,
Wyll jy weten :,: wyt die wackern Mäckens thoet,
Immer goet sey, Müsz'n * obsetten, Spegel kycken,
Immer thoet sey soe.

Seet jy Herrens seet! Hye sett' ick myene foet,
Wyll jy weten, :,: w e die Jungjesellen thoet,
Immer goet sey Haar obstrycken, Wychter p'yen,
Immer thoet sey soe.

Seet

---

* D. i. Mügen.

Seet jy Herrens seet! hye sett' yd' myene Foet,
Wyll jy weten :,: wye dye oalen * Kerels thoet
Ymmer goet sey Büxen ** obtrecken :,:
Ymmer thoet sey soe.

Seet jy Herrens seet! hye sett' yd' myene Foet,
Wyll jy weten :,: wye dye oalen Wyswer thoet,
Ymmer goet sey, Rock obschürten :,:
Ymmer thoet sey soe.

* D. i. alten.   ** D. i. Hosen.

Bloet, le, ve lût, fe Dee,

ren, na dy frjit yck gee, ren.

XXVII.
Eyn
Westphelysches Lyebeslyd.

Lyfe, leve lütke Deern,
Du myn trute Wicken;
Wa dy frjit ick haarten geern,
As' yck en bertgen krie

Von

Von dem ſtuten Botter-Broed,
Myn heartleve true Bloet,
Leve lütke Deeren,
Na dy frjit yck geeren.

O wie pocket my myn Haart,
My ynn mynem Lyewe,
Von verwognem grooten Schmaart,
Eer'ck dy hebbe tom Wyewe,
Hedde dy oack ſo lydend gern,
Lyſe leve lütke Deern,
Boald ynn mynen Armen,
Damper dy to warmen.

Doch yck byn nych all to ryck,
Hebbe nych veel tom Beſten,
As' een lütken Fiſſen dyeck, *
Un twe Hoener Niſten,

Eene

* D. i Fiſchteich.

Eene lütte bonte Koe,
Un twe brune noch datoe,
Achte lütke Farcken,
Un twehundert Marcken.

Man yck ben een fyxen Knecht
Magst du my wol loewen,
Eerlyck, from, getrue, un recht,
'ck wyll dy nycks vor aewen,
Ey so nimm to'een Unterpfand,
Dyßen bloen Hosenband,
Den yck dienetwegen,
Hebbe so lange tregen.

Frölygklych.

Al-ler-schönster En-gel,

al-ler-schön-stes Kynd, Komm

ey-le dych, vnnd küs-ze mych vunde

ma-che ge-schwynd. All-dar-vmb so

XXVIII.

XXVIII.

Eyn
Bergklyd vom Hartz.

Allerschönster Engel,
Allerschönstes Kind! :,:
Komm eyle dych,
Vnndt küsze mych,
Vnndt mache geschwynd!
Alldarumb so byt ych dych,
Komm meyn Schatz, vnndt küsze mych,
Meyn allerschönster Schatz,
Vergysz meyn nycht.

Dryne

Deyne schwartze Augen,
Dye ha'n mych verfurt, :,:
Deyn Zucker-Mund
Hat manche Stund
Meyn Hertze gerurt.
Alldarumb so bytt ych dych,
Komm meyn Schatz, vnndt küsze mych,
Meyn allerschönster Schatz,
Vergysz meyn nycht.

Ich reys' ynn der Welt herumb,
Vnndt du bleybst hyer :,:
Doch schycke ych
Annoch teglych
Meyn' Seufzer zu dyr.
Alldarumb so bytt ych dych,
Komm meyn Schatz, vnndt küsze mych,
Meyn allerschönster Schatz,
Vergysz meyn nycht.

I Walzer,

Waſzer, Waſzer, Waſzer her,
Eſz hat Gefar!
Denn ſonſten verbrenn' ych
Gantz vnndt gar.
Komm küle mych,
Denn fule ych
Meyn Hertz wi Wachſz zerrynnt.
Alldarumb ſo bitt ych dych,
Komm meyn Schatz vnndt küſze mych,
Meyn allerſchönſter Schatz,
Vergiſz meyn nycht.

XXIX.

Eyn Lyd
vom grymmen Tode
vnndt
eym Meydleyn.

Esz ging eyn Meydleyn zarte,
Fru ynn der Morgenstund,
Inn eynen Blumengarten,
Frisch, frölych vnndt gesundt;
Der Blumleyn esz vyl brechenn wolt,
Darausz eyn Krantz zu machenn.
Von Silber vnndt von Gold.

Da kam hergugeschlichenn
Eyn gar erschröcklych Mann,
Die Farb war jhm verblichenn
Keyn Kleyder hett er ann.
Er hett keyn Fleisch, keyn Blut, keyn Haar,
Eß war ann jm verdorret
Seyn Hautt vnndt Flechsen gar.

Gar heßlych tet er seen
Scheußlych war seyn Gesicht
Er weiset seyne Zeene,
Vnndt tet noch eynen Schritt
Wol zu dem Meydeleyn zartte,
Dz schyr für grossen Engsten,
Deß grimmen Todes war.

J 3   Nu

Nu schick dych Meydleyn, schick dych,
Du muſt mit myr ann Tantz!
Ich wil dyr bald auffetzenn
Eyn wunderschönen Krantz;
Der wyrd dyr nit gebunden fein
Von wolriechenden Kräutern
Vnndt zarten Blumeleyn.

Der Krantz den ich auffetz,
Der heißt die Sterblichkeyt;
Du wirst nicht sein dy letzte
Dis jn tregt uff jr Heubt.
Wie vyl alhie geboren seyn
Dy muſſen mit myr tantzen
Wol um dz Kräntzeleyn.

Der

Der Wurmer in der Erde
Ist eine groſe Zal,
Dj werden dyr verzeeren
Deyn Schönheyt allzumal;
Sie werden deyne Blumleyn ſeyn
Dz Gold, vnndt auch dy Perlen,
Sylber und Edelſteyn.

Wilſt du mych gerne kennen
Vnndt wiſſen, wer ich ſey?
So hör meyn Namen nennen
Wil dyr jn ſagen frey:
Der grymme Tod werd ych genant,
Vnndt bynn ynn allen Landen
Gar weyt vnndt breyt bekannt.

Eyn Sense ist mein Wappen,
Dz ych myt rechten fur;
Damit tu ych anklopfenn
Jedem an seyne Tur,
Vundr wenn seyn Zeyt ist kommen schon
Spet, fru, vundt ynn der Mitten
's hilft nichts, er muß davon!

Dz Meydleyn voller Schmertzen,
Voll bitterer Angst vn dz Not,
Bekümmert tief im Hertzen,
Bat: Ach du lyeber Tod,
Wolst eylen myt myr nyt so seer!
Mych armes Meydleyn zarte
Laß lenger leben hyr!

Ach

Ich wil dych reich begaben;
Meyn Vater hat vyl Geld.
Vnndt wz du nur wilt haben,
Daßelb du nemen solt!
Nur laße dn dz Leben myr,
Meyn' allerbeste Schetze
Dy wil ych geb.n dyr!

Kein Schatz sole du myr geben,
Kyn Geld noch Edelsteyn!
Ich nimm dyr nur dz Leben
Du zartes Megdeleyn.
Du must myt myr an meinen Tantz
Drann noch kommt manch tausend
Biß dz der Rey'n wird gantz.

O Tod lasz mych beym Leben,
Nymm all meyn Hauszgesynd!
Meyn Vater wird dyrs gebenn,
Wenn er mych lebendt findt.
Ich byn seyn eynzigs Tochterleyn,
Er wurde mych nit gebenn
Um tausend Gulden seyn.

Deyn' Vater wyl ych holen,
Vnndt will jn finden wol
Myt seinen Hauszgesynde;
Weysz, wenn ych kommen soll
Jetzund nem ych nur dych alleyn
O zartes Meydleyn yunge,
Du must ann meynen Reyn.

Erbarm dych meyner Jugend,
Sprach sie myt großer Klag
Wil mich ynn aller Tugend
Ueben meyn Lebetag.
Nimm mych nit gleich jetzund dahin!
Spar mych noch eyne Weyle!
Schon mych noch etlych Stund!

Drumff! sprach der Tod: mit nichten
Ich ker mych nit daran,
Es hilft albie kein bytten;
Ich nehme Fraw vnndt Mann!
Die Kynderleyn zieh ych herfur,
Eyn jedes muß myr folgen
Wenn ych klopf ann dy Tur.

Er nam ſie in der Mitte
Da ſj am ſchwechſten wz,
Eſz half an ym keyn bytten,
Er warf ſie in dz Graſz,
Vnndt rührte ann yr yunges Hertz
Da leyt dz Meydleyn zarte,
Voll bittrer Angſt vnndt Schmertz.

Ir Farb tzt ſj verwandeln,
Ir Eugleyn ſie verkert,
Von eyner Seyt zur andern
Warf ſie ſich auf dj Erd.
All Wolluſt ir vergangen wz,
Keyn B'lumleyn wollt holen
Wol auſz dem grunen Graſz.

Vnndt tet jr Leben endenn
Wol hynn ynn kurtzer Zyl,
Weyl sie der Tod behende
Berürt mit seinem pfeyl.
Der Welt war sie entzogen g'schwynd,
Dz hat wol zu betrachtenn
Manch rohes Menschenkynd.

Darumb jr frommen Cyristen
Nemt an dem Meydleyn war,
Dz da wird seyn keyn fryftenn
Wenn sich der Tod stellt dar.
Gott helf vnns auß dem letzten Leyd
Dz wir nach diesm Leben
Empfaen dj Seligkeyt.

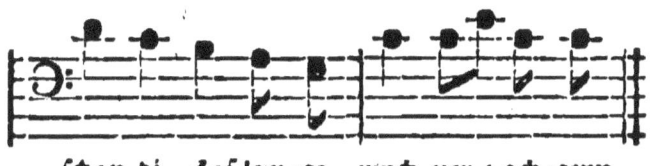

schon dj Hofsleweite mych ver=achtenn.

XXX.
Eyn lustigk Pawernlyd.

Jch bynn eyn freyer Pawersknecht;
Obschon meyn Stand yst ebenn schlecht,
So deucht ich mych doch wol so gut,
Alß eyner ann dem Hofe tut;
Trallyralala! ych wyl esz nycht achtenn
Obschon dy Hofleute mych verachtenn.

Trag ych gleych keynen Byberhut,
So yſt eyn rauher Fyln myr gut,
Daruff eyn gruner Puſch geneet,
So wol aiſz tewre Federn ſteet,
Trallyralala! ych wyll traun nichts fragenn,
Wz von myr dort dj Hofſchrantzen ſagenn.

Iſt meyne Joppen eben nycht
Zerhackt, verbremt, verknuppelt dycht,
So bant, alſz wye man jetzt kann ſeen,
Dye ala Mode Kerelſz geen,
Trallyralala! ſo dϋrf ych nycht ſorgen
Dz mych der Kramer maant alle Morgen.

Meyn Wamms yſt rund umbher nycht voll
Von Roſen, ych gee auch nycht toll,
Jnn weyter Pluder-Hoſe her,
Dye voller Knepf vnndt Schellen wer
Trallyralala, ych aber myr laſze
Meyn'n Kyttel ſeyn machen myr eben zu paſze.

Anſtatt

Anstatt der Otter vnndt der Ratz,
Steck ych di Hend' ynn meynen Latz,
Ych mag nycht vnnütz Levnewant,
Fur Lappen tragen vmb di Hand,
Trallyralala, ych trag' vmb den Fynger
Keyn Reyff, od'r sonst andre blancke Dynger.

Hab ych gleych keynen Kritter-Syn
Bynn nicht beredt, voll Lyst vnndt Wytz,
So hab ych doch eyn Pawerngut,
Byn ych doch selsch vnndt fro von Mut,
Trallyralala, bynn daruff geflißenn,
Wz eym wackern Pawern tzimt zu wyßenn.

Ych darf zu Hof schmarutzen nycht,
Weyl uff dem Dorf myr nychts gebrycht,
Darf nycht fuchsschwentzen um dz Brod,
Arbeyt ych risch, hab keyne Not
Trallyrallala, byn selbsten mevn eygen,
Darf vor keyn'm Schelmen mych bucken nochneigen.

K

Trawrig vnndt verlybt.

Meyn feyneß Lyb verlyß myt myr, ych solt ynn diſem Garten, eyn wenyg jrer warten, ſo ſyß ych vnndt verſchmachte ſchier. Wo bleibſt du doch meyn ſüſſes Le-

XXXI.
Eyn Lyd vom feynen Lyebe.

Meyn feynes Lyeb verließ myt myr,
Yh solt ynn disem Garten
Eyn wenig jrer wartenn,
So sytz ych vnnd verschmachte schyer.
Wo bleybst du doch meyn süßes Lebenn!
Seum nycht meyn Sonnenscheyn,
Mit Epfeln wart' ych dyn,
Vnnd Trawben von den besten Reben.

Hye, wo der Bawm vns Schatten gibt,
Di Wynde liblich weenn,
Vnnd meynen Kammer-seenn
Sol seyn, wz myr vnnd dyr gelybt;
Ych habe Grasz hyher getragenn,
Vnnd weysz von keyner Ru.
Eiz mangelt nychts, alsz du,
Lasz mych nycht vber Vntrew klagenn!

Ach

Ach Mutter! halter jr sy an,
So wil ych euch beschweerenn,
Bey meyner Glut, vnndt Zeren,
Bey allem, w; euch lyb seyn kann,
Bey jren sittsamen Geberden,
Bey jrem reynen Blut,
Vnndt tugendhafften Mut,
Bey allem w; euch ljb uff Erden.

Bfs d; jr lafst meyn Trost vnndt Lycht.
Jch aber wyl yndefsen
Nur 're Jjr ermefsenn,
Dj meyn verliebtes Hertz zerbrycht.
Betreugt mych aber meyn Verlangen
So wird nach langer Not,
Ann djsem Ort, der Tod
Mych einst ann jrer statt vmbfangenn.

) 151 (

weiß wz tut. Jch ar/mer Man, jch

ar/mer Man, der/ barms doch dems der/

barmen kann.

B 4

XXXII.
Eyn
Sechsisch Pawernlyd.

My Suhula dz verbriete Kynd
Wyl a Megyster ware,
A Karl dar weder drischt na spynnt,
Sillt o ke Brud begare;
Alleen a fry'zt a sänfft so gut,
Alß eener der wer weesz wz tut.
Ych armer Man, ych armer Man,
Derbarme doch dems derbarmenn kann.

Der Tud mogs wiſze wz e mcent,
Ha rêdt wie wenn a heṛett,
A ſchreybt ſu, wie der büſe Feund,
Krumm wie der Eſchbaum wechſzett.
A mo't a Huka ſu verwurn,
A ſz hett' ene Henu ynn Myſt geſchurrn.
Ych armer Man, ych armer Man,
Derbarms doch, dems derbarmenn kan.

Bald ſchleycht a ſych an Kueſtall nah,
A predigt heſzlych Dyng;
Die Kue hörns nu ſu nit ab,
Vnndt wungern ſych nicht wing. *

Bald

---

* Dz iſt, wenig.

Bald tritt a fůr dj Zingertůr,
Vnndt helt den Gensen Kingerlier.*
Ych armer Man, ych armer Man,
Derbarms doch, dems derbarmenn kan.

Die Mutter redt jm noch wol zu,
A hot sy blusz zum Narren;
Druff sprach ich denn: du Lümmel du,
Ych will dych wuhl bepfarrenn;
Ych gab en nŏulych ihrst en Puff,
Alleen, wz ists, a gibt nischt druff.
Ych armer Man, ych armer Man,
Derbarms, dems derbarmenn kan.

Wer

---
* Kynderlere.

Wer kan dafur, mjr musz'n jn schun
Lahn in seyn Södla zien.
Meynthalba mag a morgen drum
An uff dj Larna gien,*
Vnndr larnen sich zum g'larten Harrn,
A wird mey Gikla wul verlarn.
Ych armer Man, ych armer Man,
Derbarms doch, dems derbarmen kan.

---

* Geen.

Eyn alphabetisch Tefleyn,
der Volcks=Lyder

	Seyte.
Allerschönster Engel	128
Esz gyng eyn Meydleyn zarte	132
Esz rytt eyn Ritter wol durch dz Ried	100
Ey so sagt myrs frey	39
Ey! wie byn lj a lustiger Bua	54
Ich hör eyne wunderlyche Strym	1
Kumm Gryte gyb myr flucks an Schmatz	82
Lieblich hat sich gesellet	5
Lyse, leve lütke Deern	123

Man

) 157 (

Man sagt dz Lyben bringt	68
Man syngt von schönen Fråwleyn vil	43
Matz der hoat a Dautelsack	72
Meyn feynes Lreb verliesz nyt myr	148
Mey Suhnla dz verbriete Bynd	152
Nun laet uns singen dat Abendlyd	114
Nur eyn Gesycht uff Erden lebt	58
Nur nerrisch seyn ist meyn Manir	15
Seet jr Herrens seet	120
'S ist g'wisz rundt keyn Gedycht	110
So wil ych frisch vnndt frölych seyn	20
So wünsch ych jr eyn gute Nacht	26
Umb deinetwegen bin ych hie	29
Wach uff meyn Hort	52
Wach uff meyns Hertzens Schöne	9
Wack'r Mecken ben rck	107
Wenn du bey meyn Schetzgen kommst	106

Wie

Wilt du nychts vom Freyen hörenn
Wol kumbt der May
Wo soll ych mych hinkeren
Wyr g'nüßen dj hymmlischen Frewden
Ich byn eyn freyer Pawersknecht

www.ingramcontent.com/pod-product-compliance
Lightning Source LLC
Chambersburg PA
CBHW020246240426
43672CB00006B/648